MÁS KANT y MENOS TRUMP

JUAN MATEO

LA DECISIÓN DE NEGOCIAR

KOLIMA
BOOKS

Categoría: Directivos y líderes | Colección: Negociación

Título original: *Más Kant y menos Trump. La decisión de negociar*

Primera edición: Mayo 2020
© 2020 Editorial Kolima, Madrid
www.editorialkolima.com

Autor: Juan Mateo
Dirección editorial: Marta Prieto Asirón
Maquetación de cubierta: Sergio Santos Palmero
Maquetación: Carolina Hernández Alarcón y Lucía Alfonsín Otero

ISBN: 978-84-18263-18-7
Depósito legal: M-12695-2020
Impreso en España

*A mis nietos, Nacho, Valentina y Alejandro,
tres tesoros que alegran la vida de todos los que
les rodeamos.
Con la esperanza de que algún día este libro pueda
ayudarles.*

ÍNDICE

PRIMERA PARTE

LA GESTIÓN DE CONFLICTOS

CONSIDERACIONES PREVIAS

Después de muchos años como profesor y consultor de esta materia, además de mi experiencia como directivo en empresas multinacionales y empresario, necesitaba exponer aquello que para mí es y significa la negociación; sin duda una materia apasionante y absolutamente necesaria en nuestras vidas, tanto en lo personal como en lo profesional.

Todos estos años he dedicado muchas horas a estudiar e investigar sus entresijos, he tenido la fortuna de aprender —¡y mucho!— de los alumnos con los que he compartido tantas horas de reflexión y debate, y he asumido la responsabilidad de múltiples procesos de negociación comercial, de gestión, etc. (eso sí, no siempre con el resultado que hubiera querido conseguir). Sé, lo sé con absoluta certeza, que Negociar es una parte sustancial de nuestras vidas; quizá por eso lo he escrito con mayúsculas.

No hay nadie, se dedique a lo que se dedique y sea cual sea el ámbito en el que lo haga, que no haya necesitado intentar llegar a un acuerdo para resolver los problemas a los que se enfrenta y que esa salida fuera lo más positiva posible. Sin embargo, pocas personas están realmente preparadas para ello; ni en los colegios, ni en muchas universidades, ni siquiera en prestigiosas escuelas de negocios esta asignatura tiene la relevancia que debería, por no decir que brilla por su ausencia[1]. Solo como un ejemplo, de los muchos que podría

---

1   La Universidad Francisco de Vitoria creó hace más de ocho años el Instituto Superior de Negociación (ISN) dedicado a la Investigación y la docencia en el campo de la Gestión de Conflictos y la Negociación, Instituto que tengo el honor de dirigir.

citar: ¿alguien me puede explicar cómo es posible que otorguemos el título de abogado a alguien que desconoce esta materia?

Es más, negociar es una forma de pensar, de vivir, de relacionarnos con los demás; es, si se me permite, una forma de entender la vida. Posiblemente muchas personas consideren esta afirmación como exagerada; sin embargo, y después de mi experiencia y la de muchas personas con las que he compartido esta idea, puedo decir que si alguien me hubiese ayudado a entender y manejar estos procesos adecuadamente estoy seguro de que gran parte de los errores que he cometido a lo largo de mi vida se habrían convertido, ¡como mínimo!, en menos lacerantes de lo que fueron.

La vida es una negociación permanente; el problema es que para la mayoría de las personas esta palabra tiene una acepción más cercana a la gestión de un problema grave y que enfrenta a enemigos que a una forma de entender cómo construir nuestras relaciones personales y profesionales. A esto podemos añadir que popularmente se iguala la palabra «regateo» a la de «negociación», lo que ahonda en la incomprensión de su auténtico significado.

Además —y esto también lo he comprobado a lo largo de todos estos años de docencia— la mayoría de la gente busca sobre todo una «receta» que pueda aplicar, como si de una poción mágica se tratara, para conseguir salir victorioso en las supuestas negociaciones que realiza, sin entender que esta disciplina requiere de un conjunto de herramientas (que muchas veces se comete el error de no considerar cercanas a la negociación) y que, como ocurre siempre, precisan de un estudio profundo para poder ser aplicadas en estos procesos. Con ello no quiero decir que la existencia de un modelo como el que publicó la Universidad de Harvard, y que sigue siendo un referente imprescindible, no sea importante. Lo que me preocupa es que se tenga la creencia de que algo tan complejo como son los procesos de negociación se base exclusivamente en el aprendizaje de unas fases, elementos, etc., y no se consideren temas como la ética, la psicología, la comunicación, etc. No hacerlo supone que nunca podremos entender adecuadamente lo que debemos hacer y cómo debemos hacerlo.

Por último, me gustaría señalar que casi siempre oigo a los alumnos de mis cursos referirse a estos procesos con un lenguaje que podría calificarse como bélico. Palabras como «tácticas», «vencer», «adversario», etc., son utilizadas habitualmente para explicar partes del proceso negociador. Es decir, de alguna manera se mantiene la creencia de que en el resultado final debe conseguirse vencer al otro, como si de una competición o guerra se tratase, y no ganar con el otro; o dicho de otra forma: no se tiene en cuenta que en este proceso se debe, ¡y se puede!, ganar sin vencer a nadie.

Todas estas consideraciones previas me permito hacerlas con el fin de que si alguien no está de acuerdo con ellas no siga leyendo, pues son la base de lo que a continuación encontrará.

RECUERDE:

- Negociar no es solo una técnica; negociar es una forma de pensar, de vivir, de relacionarnos con los demás; es, si se me permite, una forma de entender la vida

- Negociar no consiste en vencer al otro; lo que debemos conseguir es ganar con el otro. Se puede ganar sin vencer a nadie

EL CONFLICTO COMO BASE DE LA NEGOCIACIÓN

UNA BREVE INTRODUCCIÓN AL CONFLICTO

No sé cuál fue el origen de la negociación, pero imagino que se produjo de forma natural al tener que solucionar los diferentes conflictos a los que un ser humano hace frente en su vida. Entender y saber gestionar adecuadamente los conflictos se convierte por tanto en la mejor forma de empezar.

Lo primero que debemos entender es que el conflicto es consustancial a la vida de un ser humano; es más, es un mecanismo que regula la vida. Por consiguiente, no debemos considerarlo algo poco común y tampoco algo que necesariamente es negativo y debemos evitar. Sin embargo, la mayoría de las personas, cuando se pronuncia la palabra conflicto tienden a asociarla con algo indeseable y malo. Palabras como enfrentamiento, lucha, guerra, problema, tensión, etc., son las que habitualmente nos vienen a la cabeza cuando oímos el término conflicto. Cierto es que, si analizamos su etimología y nos fijamos en el significado del verbo «confligo», del que proviene, nos encontraremos que sus acepciones son por ejemplo: «chocar una cosa contra otra» o «confrontar».

Si partimos de la definición de conflicto como la existencia de una diferencia que es materia de discusión entre dos o más partes, podremos darnos cuenta de que algo así se produce constantemente en nuestras vidas. Es más, podemos afirmar que las diferencias de opinión, intereses, etc., se producen desde el instante en que comenzamos la relación con otro ser humano; no es posible estar de acuerdo en todo lo que pensamos, deseamos o necesitamos. Es decir, ninguna persona que nos rodea o tiene relación con nosotros, sea esta más o menos profunda, puede coincidir totalmente con todo aquello que nos concierne.

Si reflexionamos, nos daremos cuenta de dos cosas importantes: la primera es que una relación va madurando, se consolida en el tiempo, entre otras cosas porque somos capaces de gestionar adecuadamente los conflictos a los que inevitablemente estamos avocados; superar las diferencias y gestionar los acuerdos que nos permitan convivir es una fórmula muy efectiva para que la convivencia avance y sea posible. La segunda es que una de las maneras fundamentales de progresar es a través del conflicto; si nadie se opone o cuestiona lo que pensamos es muy difícil que avancemos. Si nuestros paradigmas no son cuestionados, difícilmente aparecerá la reflexión. Por lo tanto, podemos afirmar que los conflictos son un acicate para la reflexión, y en consecuencia necesarios para avanzar en todos los campos. No hay más que revisar la historia de la filosofía o de los hechos científicos para comprobar que esto es así.

Entonces, ¿por qué tenemos una percepción tan negativa del conflicto? ¿Por qué incluso tendemos muchas veces a evitarlo en vez de tratar de solucionarlo?

En realidad, el problema no es el conflicto en sí sino la gestión que hacemos del mismo. La experiencia me dice que lo normal es que en la mayoría de las ocasiones nuestra actitud esté mucho más cerca de la imposición que de tratar de conseguir un acuerdo. Tendemos a buscar «eliminar» al otro más que a reconciliar y acordar.

Uno de los mejores especialistas en estos temas (a quien admiro, de quien he aprendido siempre y que me honra con su amistad), el Dr. Enrique Baca[2], me expuso, con relación a este tema, lo siguiente:

«El ser humano presenta, en su vida ordinaria, dos mecanismos que le acompañan de manera ineludible y que forman parte constitutiva de su existencia: uno es la frustración y otro el conflicto. (...) Y al decir 'ser humano' estamos definiendo un ser vivo que posee conciencia de sus actos y de sus sentimientos; es decir, que sabe que sabe y que sabe que siente, además de tener la capacidad de comunicarlo mediante un lenguaje articulado y simbólico.

»Este rasgo fundamental y definitorio de la existencia humana supone un salto cualitativo en la consideración de todos los fenómenos psíquicos humanos y, por consiguiente, tanto de la frustración como del conflicto. Hay que especificar, no obstante, que al decir que el ser humano sabe que sabe y sabe que siente estamos significando también que muchas veces lo que 'sabe' no hace referencia a la causa que lo provoca sino al efecto que repercute en su conciencia.

»Así pues, y esto es especialmente válido para el conflicto y la frustración, el hombre puede darse cuenta de que está frustrado o que está en una situación conflictiva, pero eso no garantiza que sea capaz de conocer con precisión ni las causas de estas situaciones ni tampoco el proceso que las genera, amplifica o palía. Es decir, el hombre es consciente de las consecuencias de la frustración y del conflicto, aunque no pueda identificar con claridad esas mismas situaciones que padece. Es por eso que la frustración y el conflicto muchas veces son percibidas por el sujeto en forma

---

2   El Dr. Enrique Baca Baldomero es licenciado en Medicina y Cirugía y se doctoró en la Universidad de Navarra, especializándose en Psiquiatría y Neurología y fue catedrático de Psiquiatría por la Universidad Autónoma de Madrid y director del departamento de Psiquiatría en esa universidad. Fue jefe del servicio de Psiquiatría del Hospital Universitario Puerta de Hierro de Madrid.

de alteraciones afectivas que llevan a la angustia, el abatimiento o la rabia que puede (o no) poner en relación con la situación subyacente que las provoca. En resumen: las causas y los motivos del conflicto y la frustración pueden permanecer inconscientes (es decir no accesibles al Yo del sujeto), aunque es evidente que sus consecuencias son siempre percibidas».

Apoyándome en estas consideraciones y en mi experiencia personal podríamos también afirmar que todo conflicto está compuesto por dos grandes elementos: los hechos (la parte racional) y las emociones (la parte irracional).

El inicio de todo conflicto se produce por un hecho, sea este significativo o no. Es decir, se produce porque existe algo que ambas partes necesitan o desean y esto es comunicado de alguna manera. No existe conflicto sin comunicación y sin el objeto de deseo o necesidad. Sin embargo, no podemos olvidar que somos seres emocionales y, por lo tanto, que las emociones forman parte de cualquier conflicto.

Al inicio del conflicto, es decir, en el instante de producirse el hecho conflictivo, afloran emociones dolorosas, dramatizadas o exageradas, que provocan una distorsión de lo que está acaeciendo y nos hacen reaccionar, muchas veces de forma inadecuada. Decía el filósofo Epicteto que *«las personas no se alteran por los hechos, sino por lo que piensan acerca de los hechos»*. O, como dice el Talmud, *«las cosas no son como son, son como somos»*.

El problema no es solo esa reacción previa, sino lo que ocurre si no somos capaces de frenar la escalada emocional que se produce. Si el tiempo transcurre y el conflicto no se soluciona, lo que con mucha probabilidad ocurrirá es que el sujeto será dominado por las emociones negativas, y en consecuencia la resolución del conflicto será lenta y muy compleja, cuando no imposible.

Sin embargo, y esto puede parecer una contradicción que trataré de explicar en detalle en las próximas páginas, lo que contiene un proceso de negociación, y por tanto su resolución, está profundamente vinculado con las emociones.

RECUERDE:

- Conflicto: la existencia de una diferencia que es materia de discusión entre dos o más partes.
- Los conflictos son un acicate para la reflexión.
- El problema no es el conflicto sino la gestión que hacemos para solucionarlo.
- No existe conflicto sin comunicación y sin el objeto de deseo o necesidad.
- Las emociones son una parte esencial del conflicto

LOS CONFLICTOS PERSONALES

Sin duda, y de acuerdo con esta explicación, nos encontramos antes dos tipos de situaciones: las intrapersonales y las interpersonales. Aquí vamos a centrarnos en aquellas que son referidas a las relaciones entre personas (interpersonales), ya que, aunque también existen situaciones conflictivas «intrapersonales» y «sociales», las situaciones conflictivas «interpersonales» son las que me interesan especialmente.

Si nos referimos específicamente al mundo empresarial (que conozco con mayor profundidad), un conflicto podemos definirlo como algo que se produce como consecuencia del deseo o la necesidad de conseguir algo que es igual u opuesto entre las partes. Me explico a través de algunos ejemplos:

- Puedo desear o necesitar conseguir el mismo puesto o posición jerárquica que otra persona de mi misma organización.

  En este caso, el problema esencial es que no solo perseguimos lo que el otro quiere o tiene, en el sentido de algo similar, sino específicamente lo que el otro quiere o tiene.

  Hace años pude asistir a un ejemplo muy claro de esta situación. Dos directivos «peleaban» por conseguir el ascenso a un puesto de mayor categoría que había quedado vacante por la jubilación de la persona que lo ocupaba. Ambos, según su jefe, eran personas muy válidas y era muy difícil tomar una decisión. Así que lo que se decidió fue dividir la Dirección que había quedado vacante en dos, de forma que se repartieran las responsabilidades. Al comunicar a cada uno de los directivos esta decisión e informarles de cuál era la «parte» que se le había asignado, ambos dijeron que preferían ocupar el puesto que le había sido asignado al otro.

  En realidad, esto nos ocurre desde que somos niños; no hay más que recordar alguna situación donde se regala algo a dos pequeños para saber que casi siempre querrán lo que tiene el otro.

- Puedo desear o necesitar que el enfoque y, en consecuencia la ejecución de una estrategia o proyecto, sea diferente a las que plantean otros.

- Puedo desear o necesitar vender o comprar un producto con unas condiciones diferentes a las que la otra parte desea o necesita.

- Puedo desear o necesitar que el estilo de liderazgo imperante sea uno u otro...

- Si el lector piensa en su vida profesional encontrará muchos otros ejemplos.

Estamos en un mundo competitivo

No podemos dejar de tener en cuenta que el mundo empresarial es intrínsecamente competitivo, y lo es tanto interna como externamente. La propia estructura piramidal que se dibuja como consecuencia de su organización jerárquica nos indica que ascender en la misma es un hecho competitivo ya que, por ejemplo, ante un puesto vacante que se disputan varias partes, los contendientes sufrirán lo que en Teoría de Juegos se denomina un «Juego de Suma Cero». Es decir, el resultado es que uno gana y otro u otros pierden en la misma medida (suma cero), lo que significa la negación del fundamento básico de la resolución de conflictos y que fue claramente explicitado por los matemáticos que desarrollaron esta teoría (tan importante en estos procesos): «Yo gano y tú ganas». Esta situación competitiva nos indica que se entrelazarán los intereses corporativos e individuales.

¿Qué quiero decir con esto? Quiero decir que en todo conflicto confluirán ambos, los intereses institucionales y los personales. Un vendedor buscará lo mejor para su empresa, pero sin duda buscará con el mismo ahínco, si no con más, conseguir sus intereses personales (comisión, ascenso, empleabilidad por buenos resultados, etc.). Un comprador buscará, sin duda, las mejores condiciones para que los costes de su empresa sean lo más aquilatados posibles, pero si olvidamos que cuando negocia la resolución del conflicto que se plantea en estos procesos está muy presente el poder «lucir» un triunfo frente a sus jefes y con ello conseguir objetivos personales, estaremos obviando uno de los ingredientes básicos en la fórmula que nos permitirá saber cómo actuar cuando estemos inmersos en su resolución.

Esa lucha competitiva interna (la que no es evitable debido a que su inexistencia desmoronaría el sistema) hace que cualquier persona que te rodea sea un competidor potencial. Esto se trató de soslayar con el sistema que adoptaron (y muchas siguen teniéndolo) las firmas de servicios profesionales al crear lo que se ha denominado un *«partnership»*, de forma que no importaba si otro ascendía ya que no te «tapaba» la posibilidad de hacerlo tú.

En una institución pública como es Hacienda no se olvidan de ofrecer a sus inspectores un «premio» por productividad. Estoy seguro (¡Dios me libre de pensar lo contrario!) que todos ellos tienen una ética que les empuja a buscar lo mejor para el Estado al que sirven, aunque si solo fuese eso lo que les moviera los incentivos no tendrían por qué existir.

Relación personal y personalidad

No podemos olvidar algo que aquí se vuelve muy relevante: la relación de las personas que forman parte de un conflicto. De alguna manera la «violencia» del conflicto estará íntimamente ligada al tipo de relación existente en el momento de producirse este y, por supuesto, a la relación preexistente que hubiera. Dicho de otra forma: no solo deberemos analizar cuál es el objeto del conflicto sino la relación personal entre las partes y, ¡no lo olvidemos!, la estructura de personalidad de cada una de ellas.

Mi entrañable amiga, y también maestra, Inma Puig[3], autora entre otros del libro *La revolución emocional*[4], siempre dice que *«con una oreja hay que escuchar lo que nos dicen y con la otra lo que no nos dicen»*. Pues bien, eso es lo que también debemos hacer con un conflicto: por una parte, saber y entender cuál es el «objeto» del conflicto que las partes expresan, y por otra qué ocurre con la relación entre las partes y la personalidad de cada individuo; lo que normalmente no suele ser «escuchado». Y esa «no escucha» suele tener relación con el desconocimiento que se tiene de esa herramienta fundamental que es la psicología.

Por consiguiente, es necesario hacer aquí un apunte sobre el tema de la personalidad, pues, como hemos dicho, influirá de forma importante en el desarrollo que tenga el conflicto.

Siguiendo las enseñanzas del maestro Enrique Baca, puedo decir que la personalidad es una mezcla entre nuestra herencia genética, lo que se denomina «temperamento», y el carácter, el cual se desarrolla a lo largo de la vida y que procede de los valores, actitudes y opiniones que nos transmite el aprendizaje tanto social, como informal y reglado. Como consecuencia, desarrollaremos aspectos como nuestras actitudes, nuestro grado de hostilidad frente a los demás, etc.

El temperamento sin duda condiciona nuestro carácter y este también «retromodula» los factores temperamenta-

---

3   Psicóloga experta en formación y desarrollo de equipos de alto rendimiento. Fue psicóloga del FC Barcelona (2003-2018). *Coach* de pilotos de F1 y Moto GP, así como de numerosos jugadores y jugadoras del circuito profesional (ATP y WTP), y de la Copa Davis. Asesora de muchas empresas familiares.

4   Editado por Conecta, 2019.

les. De esta forma, la personalidad de un individuo es consecuencia del temperamento y del desarrollo de su carácter.

Por tanto, podemos decir que la personalidad es el conjunto de valores que la persona considera como propios o asumidos y la guía por la que dirige de forma intencionada su conducta.

Por ende, si queremos diagnosticar adecuadamente un conflicto es necesario tener en cuenta no solo el «objeto» del conflicto sino la relación y la personalidad de quienes están inmersos en él.

Los bandos

En cuanto a la relación, además, no debemos tener solo en cuenta la que las partes tienen personalmente sino aquella que produce la pertenencia a uno u otro «bando». En muchas ocasiones he podido observar como el simple hecho de pertenecer a un departamento (área, dirección, división...) lleva implícito el conflicto con otro, independientemente de las personas que lo protagonizan. Ejemplos como «Red Comercial» frente a «Riesgos» (típica en las entidades financieras) nos lo demuestran; la simple pertenencia a cualquiera de esos grupos concede a la otra parte poder prejuzgar, cuando no condenar, a la persona que lo representa. Expresiones como «con estos de Riesgos es imposible» o «los de la Red no entienden nada», que he oído en innumerables ocasiones, lo demuestran.

Por estas razones, muchas veces el objeto del conflicto oculta un enfrentamiento más importante de lo que parece, que se intenta hacer desaparecer a través de la exposición de un objeto (lo que queremos o deseamos), que no es más que una «pantalla» que trata de impedir el reconocimiento del verdadero hecho que lo impulsa: la relación antagónica en términos personales o como grupo. Por eso los conflictos «mal cerrados» condicionarán la resolución de los que aparezcan posteriormente.

Lo «socialmente presentable»

Por último, también es posible encontrarse con objetos del conflicto que solo son utilizados para poder ocultar situaciones que se consideran «socialmente no presentables». Intentaré explicarlo a través de un ejemplo que me ocurrió hace muchos años.

Siendo muy joven decidí, debido a una serie de circunstancias que me lo permitían, vender coches de segunda mano y de fabricación alemana (BMW, Mercedes, Porsche, etc.). En aquel momento España no era todavía miembro de pleno derecho de la CEE, pero los aranceles que se pagaban por estos automóviles hacían que sus precios fuesen muy atractivos. Debo decir que estos tenían muchos, muchos kilómetros; la mayoría de las veces sobrepasaban los 250.000.

Casi todas las personas que se interesaban por ellos, al ser preguntados por cuál era el tipo de coche que necesitaban me solían decir cosas como: «quiero un coche seguro, con buen maletero, para llevar a mi familia, y sé que los coches alemanes cumplen estos requisitos».

—¿Tendrán garantía? —me preguntaban.

—Pues no, la verdad es que no —les contestaba yo.

—Bueno, pero son fiables, ¿no?

—Ya sabe lo que es un BMW... Mercedes... Porsche...

Ahí acababa toda la discusión. En un porcentaje muy elevado mis clientes compraban.

Un día, recuerdo que me llamó una persona interesada por un Mercedes 350 SE, color marrón, con tapicería de cuero beige... y con más de 300.000 kilómetros a sus espaldas (aunque bien es cierto que dado el motor que tenía aún podía aguantar lo suyo).

—¿Este es el coche que te interesa? Tengo otros modelos —le dije—. ¿Qué tipo de coche estás buscando?

—Si te parece —me contestó— quedamos para verlo y charlamos.

Y así fue. Varios días después nos vimos y volví a hacerle la pregunta:

—¿Qué tipo de coche estás buscando?

—Te voy a decir la verdad —me dijo mientras seguía observando el Mercedes 350 SE—. El coche que busco es aquel que cuando pase por delante de alguno que yo me sé diga: «¡Qué cabrón!». Y se muera de envidia.

Fue el único que me dijo la verdad. Los demás me explicaban intereses «socialmente presentables» pero falsos.

RECUERDE:

- Un conflicto podemos definirlo como algo que se produce como consecuencia del deseo o la necesidad de conseguir algo que es igual u opuesto entre las partes.

- En todo conflicto empresarial u organizacional confluirán los intereses institucionales y los personales.

- No solo deberemos analizar cuál es el objeto del conflicto sino la relación personal entre las partes y, ¡no lo olvidemos!, la estructura de personalidad de cada una de ellas.

- Muchas veces el objeto del conflicto oculta un enfrentamiento más importante de lo que parece, que se intenta tapar a través de la exposición de un objeto (lo que queremos o deseamos) que no es más que una «pantalla» que trata de impedir el reconocimiento del verdadero hecho que lo impulsa: la relación antagónica en términos personales o como grupo.

LAS FASES DE UN CONFLICTO

Todo conflicto atraviesa una serie de fases que deben de ser tenidas en cuenta para una gestión adecuada del mismo. El esquema que a continuación expongo es producto de mi experiencia y no trata de ser exhaustivo; solo pretende ofrecer una explicación lo más pedagógica posible para permitir que sea práctica y entendible y de esta forma acercarnos mejor a su comprensión.

Por eso vamos a dividir la «vida» de un conflicto en cinco partes diferenciadas, tal y como aparece en el siguiente gráfico.

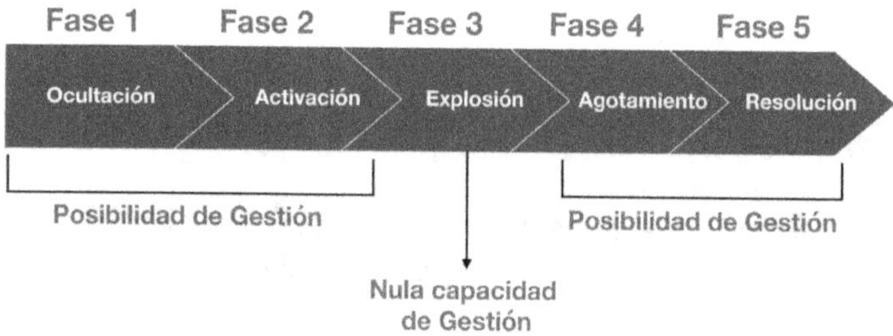

Fase de ocultación

Esta primera fase se caracteriza por la no visualización del conflicto, lo cual puede ser debido a que las partes deliberadamente lo ocultan o porque está en una situación que podíamos denominar «larvada», es decir, que proviene de un conflicto que no se ha cerrado adecuadamente, bien porque se produjo la imposición de una solución pero las causas siguen abiertas, bien porque una de las partes transcurrido el tiempo considera que fue manipulada, engañada o ha podido tener información que demuestra que perdió porque la solución fue claramente inequitativa y que, como consecuencia de la tensión y el malestar que le producía el conflicto, dio por buena una solución que con más calma considera inadecuada, etc.

Solo un observador experimentado puede darse cuenta de esta situación. No podemos olvidar que el conflicto es un «mentiroso compulsivo» y nunca se muestra por donde debería, sino que busca una debilidad colateral. Me explico.

Una situación clásica que he vivido en innumerables ocasiones dentro de los equipos de trabajo es aquella en la que dos personas del equipo suelen hacer comentarios que, sin poder clasificarse como agresivos, son demostrativos de que la relación no funciona. Por ejemplo: «tiene demasiadas responsabilidades», «es tan buena persona que le toman el pelo», «le falta equipo»... Sin embargo, si se pregunta a cualquiera de las partes negarán que exista un conflicto con la otra persona.

Todo buen ejercicio de liderazgo debe diagnosticar estas situaciones y actuar inmediatamente para controlarlas, pues en esta fase el conflicto puede ser gestionado con más facilidad que si dejamos que avance. Algo que no podemos olvidar es que un conflicto se alimenta de sus propios excrementos. Dicho de otra manera, si dejamos que avance y provoque situaciones de tensión emocional, «engordará» y se fortalecerá. Controlarlo y hacerlo visible a tiempo es una forma de conseguir su resolución de manera más sencilla.

Tres posibles estrategias que deberían ser consideradas en este momento del conflicto son las siguientes:

1. Realizar de forma constante lo que Tom Peters[5] denominó «liderazgo por vagabundeo». Es decir, no es posible reconocer los conflictos entre las partes de un equipo si la relación que tenemos con ellas se limita a conversaciones de despacho. Si uno no está en la cocina y no habla con los cocineros no sabrá qué piensan y sienten acerca de los problemas que enfrentan con la sala. Si uno no está en la sala no sabrá qué problemas enfrentan con la cocina.

2. Analizar muy detalladamente la historia de la relación entre las partes y los avatares que ha sufrido. Esta información es vital, pues a través de ella podremos saber qué puede haber oculto.

3. Hablar con las partes en el momento en que tengamos sospecha de la existencia de un posible conflicto. Esta conversación debe ser con cada parte por separado y no de forma conjunta. Debemos convertirnos en perfectos detectives que con mucha paciencia van realizando las preguntas oportunas para determinar qué pasa. Sin embargo, eso no puede parecerse a un interrogatorio, todo lo contrario. Por eso no debe realizarse en el lugar de trabajo; una comida distendida puede ser una buena opción.

---

5   Ph.D y MBA por la Universidad de Stanford. Desde 1974 a 1981 trabajó en McKinsey & Co. Su libro *En busca de la excelencia* (junto a R. Waterman) fue un éxito editorial mundial. Ha publicado cientos de artículos en las más prestigiosas revistas internacionales e imparte más de 100 seminarios cada año en diferentes países.

Fase de activación

En esta fase el conflicto se muestra, y se muestra con claridad. Ya no es necesario estar atento; los hechos mostrarán las diferencias de forma clara, aunque puede que no con la virulencia que ocurrirá en la siguiente fase.

Un ejemplo que me viene a la cabeza, del que fui testigo, puede servirnos para ilustrar lo que quiero decir.

Trabajaba por aquel entonces en una gran firma de servicios profesionales y estábamos inmersos en un proyecto que necesitaba la colaboración de varias áreas. El proyecto, como casi siempre ocurre cuando es de alta complejidad, estaba pasando por un momento en el que las cosas no estaban saliendo como estaba previsto; más o menos nos encontrábamos a mitad de camino.

Por un lado estaban los especialistas en el *software* que había que implantar y por otro los especialistas en Recursos Humanos que debían establecer los parámetros, procesos y acciones a realizar para que esa implantación fuese aceptada dentro de la cultura del cliente; su puesta en marcha provocaría cambios sustanciales en cómo debían hacerse las cosas a partir de entonces. Es decir, lo que tradicionalmente se llama «gestión del cambio».

El socio del proyecto nos convocó a una reunión para analizar la situación y ver qué debíamos hacer. En esta reunión, además del mencionado socio (digamos que se llamaba Luis), estaban los dos directores asociados de cada área (para el caso, Lucas, el de Tecnología, y Enrique, el de RRHH) y los dos senior mánagers correspondientes; uno de ellos era yo.

La reunión parecía estar transcurriendo por cauces normales, aunque, por lógica, con cierta tensión.

–Tenemos que conseguir mucha más velocidad de implantación; vamos retrasados con respecto al *planning* que habíamos establecido y empiezo a recibir quejas del director de Sistemas de nuestro cliente —nos dijo Luis.

—El problema es que hemos sufrido retrasos por varios motivos... y no todos son culpa nuestra —se defendió Lucas.

—Ah, ¿no? —respondió Luis.

—Pues no, la verdad, y lo que voy a decir es con ánimo constructivo —añadió—. Hemos tenido que dedicar mucho tiempo a explicar los pormenores de los cambios que se van a producir al equipo de gestión del cambio y eso ha afectado a nuestra dedicación.

—No podemos hacer nada si vosotros no nos dedicáis ese tiempo —dijo Enrique—. Es parte del proyecto y con tu enorme experiencia sabes muy bien que es así.

—Lo sé, Enrique, lo sé muy bien —dijo Lucas con cierto tono despectivo.

—Entonces, ¿qué quieres que hagamos? Necesitamos esa información. Y eso es así en este proyecto o en cualquier otro similar —añadió Enrique.

—Me parece muy bien, pero quizá deberías hablar con tu gente y hacerles conscientes de la situación. Nosotros no podemos perder tanto tiempo —dijo Lucas.

—Está bien —dijo Luis cortando la conversación—. Me da igual lo que tengáis que hacer; ¡hacedlo! —el tono ya no era muy amigable.

Y así finalizó la reunión.

Cuando salíamos, el que era mi director me cogió por el brazo y me dijo que fuésemos a tomar un café para hablar.

—¡Siempre igual con estos tíos! —dijo muy enfadado—. ¡Así es imposible! Este Lucas se cree que es el más listo del planeta; en todos los proyectos pasa igual: ellos son los buenos y nosotros los inútiles. ¡Ah! y a eso añádele lo «trepa» que es. ¡No puedo con él!

En aquel momento comprendí que el conflicto estaba oculto desde el inicio pero que tarde o temprano se pondría encima de la mesa, como acababa de ocurrir. Lo peor era que con mucha probabilidad «explotaría» no demasiado tarde.

Esta activación y posterior explosión (que tuvo como resultado la salida de la firma del que era mi director) se debió a varios factores que hemos ido explicando.

El primero es que la empresa donde estábamos no hacía lo necesario para terminar con ese conflicto entre áreas, y además eligieron para ese proyecto a dos personas que ya habían tenido varios encontronazos serios en otros proyectos. Si envías a un concurso a un cocinero y a un jefe de sala que no pueden ni verse... ¡acabarás perdiendo el concurso y tu prestigio! Quizá ese «vagabundeo» del que he hablado anteriormente hubiese sido muy productivo. Un simple «¡hacedlo!» no soluciona el problema; el proyecto se concluyó con «éxito» pero la firma perdió a uno de sus mejores talentos... ¡Menudo éxito!

Lo segundo es que desde el inicio el conflicto era real, aunque estuviese oculto, y no solo se refería a las diferencias profesionales que surgían del proyecto sino, y claramente, a un enfrentamiento personal que venía de situaciones anteriores.

En tercer lugar, con seguridad, ni la firma, ni ninguno de nosotros tuvo en consideración los «valores» corporativos que se habían definido y publicado. Como muchas veces pasa, los «valores» organizativos no son más que una bonita declaración que nunca se aplica en la realidad.

Fase de explosión

En las dos anteriores fases se puede, ¡y se debe!, controlar y gestionar el conflicto, porque, aunque las emociones negativas existen, todavía no se han apoderado de él. Sin embargo, en esta fase, al producirse su explosión «violenta» es materialmente imposible poder gestionarlo.

Cuando me refiero a «violencia» no solo estoy hablando de un enfrentamiento de carácter físico, sino también de agresiones verbales (insulto, menosprecio, etc.), sean estas realizadas en privado o en público (estas últimas son las más frecuentes y las que suelen provocar la ruptura definitiva).

Una de las primeras consecuencias que provoca esta fase es, como hemos indicado anteriormente, la aparición de los denominados «bandos». Es decir, o estás conmigo o contra mí, no hay más posibilidades. Si estás conmigo serás bendecido y formarás parte de los «buenos». Si no lo haces, estarás condenado y formarás parte del «enemigo». La racionalidad desaparece para dar paso a un gran número de reacciones emocionales cargadas de todos los sesgos mentales imaginables.

Una situación que nos puede servir de ejemplo y de la que me puedo acusar personalmente, pues la he vivido y sufrido en mis carnes, o mejor dicho, en mi cerebro, es aquella que ocurre cuando, al estar abiertamente enfrentado a otra persona, haces un comentario sobre él:

—Desde luego este tío es imbécil, un chulo y un indeseable —le espetas a alguien que tiene relación con ambos.

—¡Hombre! Yo creo que no es así, le conozco desde hace tiempo y nunca me ha dado esa sensación —te responde.

«Otro imbécil», es el pensamiento que te viene de inmediato a la cabeza. Sin embargo, si la respuesta hubiese sido: «¡Desde luego! No puedo con él», lo que pensaríamos sería: «Siempre supe que este era de los míos; ¡un buen tipo!».

La necesidad de encontrar aliados es inmediata y no responde nada más que a la búsqueda desesperada de apoyos incondicionales a tus pensamientos y deseos, sin tener en cuenta quien te lo está diciendo.

Como dice una conocida frase: «¡nada une más que un enemigo común!». A lo que personalmente añadiría: aunque quien se una a ti sea mucho más imbécil que tu «enemigo».

El pensamiento racional brillará por su ausencia, debido a que en estos momentos las personas nos empeñamos en tener razón y no en buscar una solución. Dicho de otra forma: lo único que aceptamos es que «yo tengo razón y tú estás equivocado». Con semejante actitud frente a un problema pueden imaginar cuáles serán las consecuencias.

Por eso, alguna de las posibilidades que tenemos para intentar actuar en estas circunstancias son:

a. **Esperar a que se «desinfle el globo» y la tensión sea menor, lo que puede suponer un tiempo demasiado extenso y unos costes muy elevados.**

Algunas veces esta afirmación es cierta y el transcurso del tiempo puede «calmar la tempestad». Esto es muy aplicable a los enfados, a los ataques de ira, a lo que se denomina «secuestro amigdalino», es decir, a momentos concretos. Si la tensión es muy alta y la otra parte está muy enojada, lo mejor es no responder a ese ataque circunstancial y dejar que saque toda su rabia hasta que se calme. Estar callados es la mejor estrategia y a partir de ahí intentar volver al diálogo una vez el «globo se desinfle».

Esto no solo afecta a los otros; nos afecta a nosotros mismos cuando estamos en esas circunstancias. Por eso nunca debemos olvidar esta frase: «Cuando estemos enfadados haremos el mejor discurso que tengamos que lamentar».

Sin embargo, si la situación no es circunstancial, mi experiencia me dice que, en general, cuanto más tiempo transcurra desde la explosión a la solución, mayor será el daño causado y más irreversible poder restañarlo.

b. **Imponer por medios coercitivos una «solución».**

Esto permite apaciguar la violencia, pero en ningún caso hará desaparecer el conflicto. Sin embargo, en la fase que estamos analizando en este apartado, muchas veces es la mejor forma de actuar.

Quizá después de esta afirmación alguien pueda preguntarse: pero, vamos a ver, ¿esto no es un libro de negociación? ¿Cómo es posible que nos recomiende imponer una solución como salida al conflicto?

Pues sí, una vez que el conflicto «explota» no siempre la negociación es la salida más adecuada. Para entenderlo mejor analicemos el siguiente gráfico:

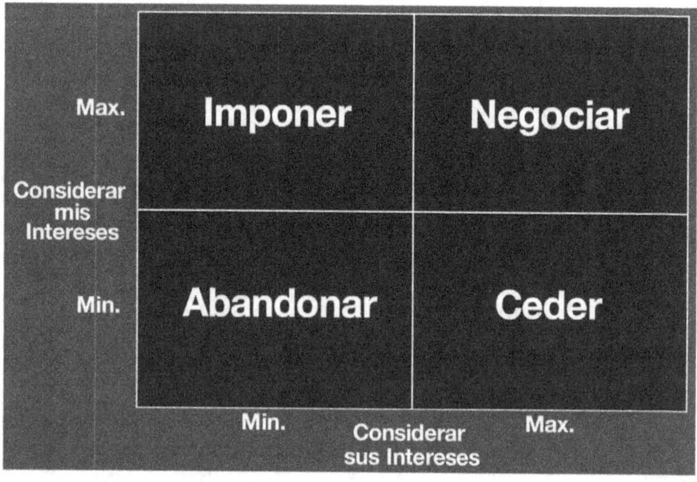

Las cuatro fórmulas que tenemos para poder gestionar un conflicto son: 1. Imponer; 2. Ceder; 3. Abandonar; 4. Negociar.

Y cualquiera de ellas puede ser válida. Lo que tenemos que hacernos es una doble pregunta: (a) ¿Cómo de importante es considerar/defender mis intereses?; (b) ¿Cómo de importante es considerar/defender sus intereses?

1. *Imponer.* Analicemos algún ejemplo. Supongamos que el conflicto está afectando de forma muy importante a un menor, conculcando sus derechos básicos, y las partes son incapaces de llegar a un acuerdo (caso común en los divorcios). Entonces lo lógico es defender los intereses del menor por encima de cualquiera de los de las partes y dictar una sentencia de obligado cumplimiento, es decir, imponer una «solución». Y pongo solución entre comillas porque el conflicto no lo habremos solucionado definitivamente, pero conseguiremos detener sus aspectos más negativos y de esa forma no prolongar la degradación del conflicto hacia situaciones claramente destructivas.

    Otro ejemplo muy claro es la Segunda Guerra Mundial. Los únicos intereses que debían ser considerados eran aquellos que representaban a la parte aliada. Los intereses de los nazis no podían ser defendidos, comprendidos o tenidos en cuenta. Imponer por la fuerza una solución era la única salida posible.

2. *Ceder.* Otra situación distinta es si nuestros intereses no son lo más importante y sí lo es el mantenimiento de la relación, por ejemplo, con un familiar, proyecto, empresa que consideramos de máxima importancia. En este caso es posible que ceder sea la fórmula más adecuada para detener la destrucción que provoca el conflicto, si consideramos que el coste del conflicto no merece la pena. De nuevo, el conflicto no estará solucionado pero conseguiremos, ¡al menos!, salvar lo más importante y proporcionar la distensión y el tiempo necesarios para que la otra

parte reflexione y así poder volver a una situación más adecuada para su resolución.

El problema es que cuando cedemos puede ocurrir que la otra parte se considere «vencedora», y por lo tanto en poder de la razón, aunque esto no sea cierto. Por ello deberemos dejar muy claro que nuestra cesión no proviene de aceptar que el otro tenga razón y nosotros estemos equivocados sino de intentar salvaguardar elementos de máxima importancia.

3. *Abandonar*. Consideremos ahora otra circunstancia. Supongamos que la situación conflictiva que estamos viviendo no tiene importancia o no merece la pena y que nos da igual si se cumplen nuestros intereses o los de la otra parte, es decir, no es relevante; la fórmula más adecuada entonces es el abandono. O dicho de otra forma: «pasar». Esta situación puede parecer similar a la de «ceder» pero no es así. Ceder es aceptar que la otra parte consiga lo que quiera. «Abandonar» es no entrar siquiera en el conflicto.

Un ejemplo típico podemos encontrarlo en el tráfico. Quién no ha vivido esa situación en la que alguien no te deja pasar, cambiar de carril, etc. Muchas veces algo tan ridículo como eso nos hace enfadarnos, insultar e incluso a algunos llegar a bajarse del coche y agredir al otro. Sin ninguna duda, en estas circunstancias lo mejor es pasar y que el otro haga lo que quiera. ¿No me dejas cambiar de carril? Ningún problema; espero y lo haré cuando pueda. Nuestro pensamiento debería ser: «No me interesa lo más mínimo entrar en este conflicto... ¡Paso!»

4. *Negociar.* Solamente si consideramos que tanto nuestros intereses como los de la otra parte deben ser tenidos en cuenta, estaremos ante una situación en la que podremos esforzarnos por alcanzar un acuerdo negociado.

Esta situación es la que nos encontraremos con más frecuencia en la mayoría de los casos en nuestra vida (aunque no seamos conscientes o lo neguemos), y esto es así porque tenemos una dependencia absoluta de los demás, y este hecho no deberíamos olvidarlo por mucho «ego» que hayamos desarrollado.

Nuestra felicidad, nuestro éxito, nuestra vida en general (personal o profesional) dependen en gran medida de los que nos rodean, y esto significa que deberíamos tener muy en cuenta lo que ellos quieren o necesitan porque si así lo hacemos seremos capaces de alcanzar lo que nosotros queremos o necesitamos.

Adam Smith, uno de los más importantes economistas de la Historia (1723–1790), lo expresó muy claramente: *«La mejor manera de satisfacer los intereses propios es cuidando los intereses de aquellos que tienen lo que uno quiere».*

Nuestro éxito en el mundo empresarial depende de las personas que trabajan junto a nosotros, de nuestros clientes, de nuestros proveedores... Si no somos capaces de tener en cuenta la importancia que tiene comprender, respetar y esforzarnos para que ellos también alcancen sus intereses al máximo posible al tiempo que nosotros alcanzamos los nuestros, el éxito se nos escapará de las manos.

Esto, ¡por supuesto!, no significa que tengamos que aceptar todo lo que se nos pide o lo que no tiene sentido; significa que las diferencias que surjan (querámoslo o no) en estas relaciones seamos capaces de gestionarlas a través de la negociación y no del enfrentamiento o de la utilización de posiciones dominantes para así alcanzar los mejores acuerdos.

Si pensamos en nuestras vidas personales, todo lo que acabo de decir tiene tanta o más validez, pues una de las bases fundamentales de nuestra felicidad se asienta en la construcción de relaciones positivas que permanezcan en el tiempo.

c. Iniciar un proceso de mediación

Este proceso permitirá analizar en profundidad los aspectos relevantes del conflicto y reestablecer la comunicación entre las partes.

Mi admirada compañera del ISN, María Bacas[6], una de las mejores especialistas de nuestro país en temas de mediación, me aportó una definición exacta de lo que significa este proceso:

«La mediación es un proceso flexible llevado a cabo confidencialmente en el cual un tercero neutral e imparcial ayuda activamente a las partes, que libre y voluntariamente acceden al proceso de mediación, a fin de restablecer la comunicación para trabajar hacia un acuerdo negociado de una disputa o diferencia, teniendo y manteniendo las partes el control sobre el acuerdo y sus términos».

La mediación es una modalidad comprendida dentro de los Métodos Alternativos de Solución de Conflictos (MASC) o *«Alternative Dispute Resolution»* (ADR). Desafortunadamente no es algo que se utilice en nuestro país con la frecuencia necesaria. Y digo desafortunada-

---

6   Socia del despacho «Mind the Law». Fue directora de Asesoría Jurídica y secretaria del Consejo de Grupo Vips y Starbucks en España, Portugal y Francia, así como del Grupo Alstom. Miembro del CEDR. Máster en Comercio Exterior por ICADE y licenciada en Derecho por la UAM.

mente porque es un mecanismo que aporta múltiples beneficios para conseguir cerrar un conflicto de forma constructiva.

Sería muy extenso entrar en las especificaciones de lo que es la mediación y el resto de los MASC, y dado el carácter de este libro no tiene sentido hacerlo. Por ello, a continuación expongo un gráfico que trata de explicar someramente algunas de las distintas posibilidades que existen para solucionar un conflicto y las diferencias fundamentales que existen entre ellas.

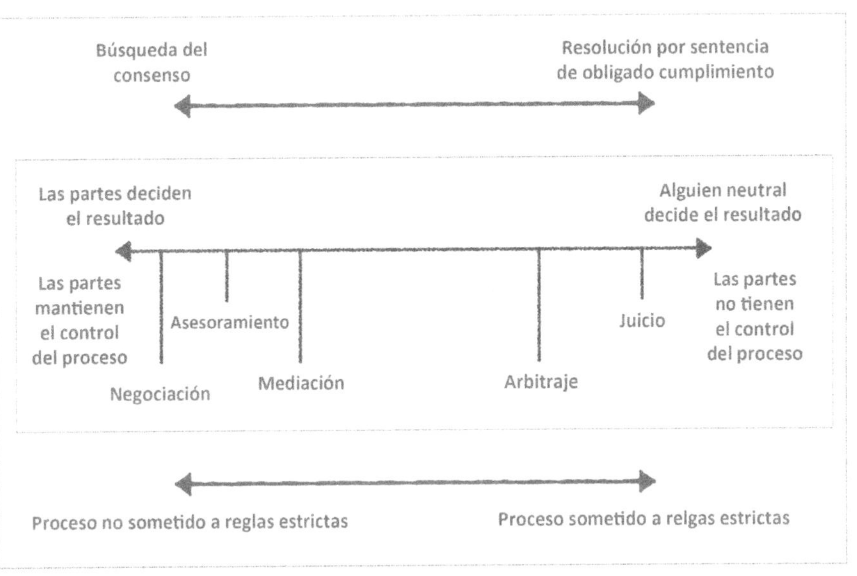

d. **Cambiar el interlocutor**

En el mundo empresarial he comprobado que en muchas ocasiones cambiar al interlocutor, por ejemplo, cuando el conflicto se produce entre un cliente o un proveedor y nuestra empresa, puede ser una palanca muy efectiva.

Recuerdo una vez que tuvimos un problema serio con un tema muy importante para nuestro negocio. La otra empresa, ubicada en México, y nosotros queríamos establecer un «partnership» para desarrollar una web de temas deportivos que podía tener mucho éxito, ya que estábamos en los tiempos en los que la explotación de las posibilidades que ofrecía Internet todavía no se había desarrollado como actualmente. El negocio parecía claro porque cada una de las partes podía aportar elementos muy importantes y complementarios. Sin embargo la situación se «encalló» y no fuimos capaces de sacarlo adelante.

Tiempo después, hablando con el propietario de la empresa mexicana, con el que quería analizar el porqué no había sido posible llevar a cabo el proyecto, me dijo que el gran problema había sido el interlocutor que nosotros habíamos elegido para este tema: «No me atreví a comentártelo —me dijo— porque pensé que era alguien de tu total confianza y no quería provocarte un problema, pero fueron su actitud y sus formas totalmente inadecuadas las que nos hicieron retirarnos».

Fue un gran error por su parte y por la mía ya que debíamos haber tenido más confianza y comunicación para tratar estos temas; lo que sí es cierto es que si hubiésemos apartado a esa persona y nombrado a otra en su lugar, el conflicto se habría podido solucionar sin dificultad, y por consiguiente nuestro negocio se habría podido llevar a cabo.

Conclusión

En cualquier caso, la explosión de un conflicto es siempre dramática y genera todo tipo de dificultades y pérdidas que será muy complicado poder soslayar, por eso es muy importante gestionar el conflicto antes de que se produzca.

Max Plank, uno de los grandes físicos de la Historia (padre de la Física Cuántica y Premio Nobel de Física en 1918), decía lo siguiente: *«Una nueva idea no es buena o mala en sí misma. Una idea se implanta en una sociedad porque muere la generación que se opone a ella y nace una nueva generación acostumbrada a convivir con ella».*

Algo así pasa con muchos conflictos cuyo nivel de violencia ha provocado enfrentamientos dramáticos; solo el paso del tiempo y las nuevas generaciones podrán (no siempre) acabar con él.

Por todo ello es importante recordar aquí lo que el gran historiador económico Carlo Mª Cipolla decía en su muy recomendable libro *Allegro ma non troppo*[7]. Este libro contiene dos ensayos, pero el que aquí nos interesa es el titulado «Las leyes fundamentales de la estupidez humana».

Con su característico sentido del humor, no exento de un toque dramático, Cipolla nos enfrenta a cinco leyes fundamentales para entender ese tipo de comportamiento: la estupidez. La primera ley fundamental establece lo siguiente:

«Siempre e inevitablemente todos subestiman el número de individuos estúpidos en circulación».

Es decir, siempre subestimamos el número de estúpidos que nos rodean a lo largo de la vida.

En mi opinión, esta ley debería ser consagrada como universal e irrebatible; siempre hay muchos más estúpidos

---

[7]   Primera edición en 1988. Publicado en España en 1991 por la Editorial Crítica.

de los que podamos imaginar. Pero, ¿quién es para Cipolla un estúpido? Muy sencillo: un estúpido es aquel que con tal de hacer daño a otro es capaz de hacerse daño a sí mismo. ¡Hace falta ser imbécil!

Pues bien, en la fase de explosión la estupidez humana hará acto de presencia en muchos, en demasiados casos. Basta con recordar que esta fase está dominada por las emociones negativas y que prevalecerá el deseo de venganza por encima de muchas otras cosas. Da igual si yo me hago daño; lo único que quiero es hundirte, aunque eso suponga que me hunda yo también.

No debemos tampoco olvidar la segunda ley fundamental que nos aporta Cipolla; dice así: *«La probabilidad de que una persona se comporte de forma estúpida es independiente de cualquier otra característica de esa persona»*. Incluso llegó a la conclusión, después de haber estudiado el comportamiento de personas que habían recibido un Premio Nobel, que la proporción de estúpidos encontrada en ese grupo de élite era igual que en cualquier otro segmento de la población. Lo que refuerza la tesis que mantengo: si llevamos a un conflicto a su fase de explosión cualquier cosa puede ocurrir.

Por último, quiero recordar la frase que pronunció el duque de Wellington al finalizar la Batalla de Waterloo donde consiguió derrotar a Napoleón. Después de la batalla, mientras paseaba con su caballo por el lugar de los hechos y observaba la inmensa cantidad de muertos que había en sus filas, dijo: *«No hay nada más parecido a una batalla ganada que una batalla perdida»*.

Fase de agotamiento

Es importante no confundir el agotamiento que se debe a un cansancio psicológico temporal, que se produce inexorablemente en algún momento del conflicto, al agotamiento como respuesta a una situación insostenible cuyos costes no merece la pena seguir pagando.

No podemos cerrar, o intentar cerrar, un conflicto solo porque la situación sea muy complicada, muy «dura» o requiera mucho esfuerzo. Ningún conflicto con cierto grado de complejidad se resuelve fácilmente y eso necesita paciencia y dedicación (esfuerzo), lo que sin duda nos llevará en algún momento al desánimo y a la tentación de rendirnos y así evitar las desagradables consecuencias que produce. El siguiente ejemplo quizá lo explique.

Hace años tuve que ayudar a una empresa familiar, en la que había fallecido el fundador y padre de los herederos, a establecer su nueva organización y, en consecuencia, el reparto de poderes que se derivaba de este cambio, lo que afectaba a las relaciones familiares de forma importante. Los cambios que había que hacer de cara el futuro de la empresa eran muy necesarios. El problema era a quién se le encomendaba la dirección y, como he dicho, el poder.

La situación afectaba sobre todo a los dos hermanos mayores, un hombre y una mujer. Ambos estaban absolutamente capacitados para «tomar las riendas» del negocio, aunque no parecía que ninguno estuviera dispuesto a ceder y dejar al otro como máximo responsable; la consecuencia fue que el enfrentamiento entre ambos era cada vez más intenso y eso, por lógica, afectaba al resto de los hermanos, y por supuesto a la marcha de la empresa.

Ante esa situación decidí entrevistarme por separado con cada uno de ellos y tratar de ver cómo podíamos llegar a un acuerdo; la tensión era cada día más insostenible.

El hermano mayor no estaba dispuesto a ceder lo más mínimo, y además aducía que su padre siempre le había dicho que él debía continuar al frente de su legado porque era quien podría mantener a la familia unida y garantizar el futuro de la empresa (lo que era indemostrable).

Por su parte, la hermana, la mayor de las mujeres, tenía una aversión al conflicto muy acentuada, probablemente debido al fuerte carácter de su padre, lo que le hizo vivir junto a su madre situaciones muy tristes y duras que no quería tener que volver a padecer como consecuencia de esta situación.

Al entrevistarme con ella me dijo que estaba convencida de que su capacidad para llevar la empresa era mucho más adecuada que la de su hermano; ella había estudiado en EEUU, lo que le supuso un gran esfuerzo y sacrificio, y trabajado muy cerca de su padre, lo que su hermano había hecho en menor medida. Además, me hizo un comentario sobre la mujer de su hermano, a la que calificó como muy ambiciosa, lo que provocaba que la situación fuese mucho más difícil ya que ella no permitiría que su hermano renunciase a llevar la empresa. Debido a todas estas circunstancias, la hermana mayor había tomado la decisión de no enfrentarse a su hermano y poner en riesgo lo que su padre había construido, por lo que renunciaba a lo que consideraba que era su derecho en favor del bienestar de su familia. Y así fue; poco después su hermano fue nombrado presidente de la compañía.

Hasta aquí parece que todo respondía al interés de la hermana de no someter a la empresa a un conflicto cuyo coste podría llegar a ser insostenible, y de esta forma no poner en riesgo el patrimonio familiar y la relación con su hermano. Sin embargo, un año después y en colaboración con otros consejeros, ella inició acciones para derrocar a su hermano; argumentó que pasado el tiempo se había dado cuenta de que la solución que se había tomado era claramente injusta y no estaba dispuesta a tolerarlo.

Si yo hubiese tenido en cuenta la personalidad de esta mujer y su aversión al conflicto, y también hubiese tenido en cuenta la relación que tenía con la mujer de su hermano, me habría dado cuenta de que su «agotamiento» provenía de una situación coyuntural y no de una intensa reflexión que le había llevado a considerar que seguir dentro del conflicto no haría más que dañar a todos sin necesidad. ¡Nada más lejos de la realidad! Por eso, y una vez hubo descansado de la «pelea», ¡volvió al ataque! El agotamiento era temporal y no consecuencia de un interés real de terminar con el conflicto.

De alguna forma es como cuando dos personas se pelean físicamente. Uno puede, dependiendo de su condición física, estar más o menos minutos soltando golpes, pero acabará agotándose y la pelea se detendrá por causa de ese agotamiento, aunque eso no significa que el enfrentamiento haya terminado; en cuanto se recuperen del cansancio y de los golpes recibidos y vuelvan a encontrarse la lucha continuará.

Cuando hablo de la fase de agotamiento me refiero específicamente a un momento determinado en el que las partes, después de haber hecho explotar el conflicto y habiendo sido imposible resolverlo en el tiempo transcurrido, padecen un agotamiento psicológico que les hace buscar el final del mismo.

Un caso que me parece interesante para poder explicar esto es el conflicto de Irlanda del Norte, también llamado «The Troubles». Este conflicto llevaba siglos «larvado» (fase de ocultación) ya que sus inicios se remontan al año 1169 cuando Inglaterra invadió Irlanda y la sometió imponiendo su idioma, religión, economía y gobierno. Su explosión se produjo en 1968, convirtiéndose en una guerra civil que enfrentó a los unionistas, la parte protestante, que representaba el 53% de la población y que pretendía mantenerse bajo el mandato de Gran Bretaña, y los republicanos, la parte católica que representaba el 44% de la población y que pretendía independizarse.

Este conflicto pudo detenerse en 1998, después de ¡treinta años! de violencia continuada, gracias a la firma del

llamado Acuerdo de Viernes Santo que puso fin al enfrentamiento armado y propició la formación de un gobierno compartido. El final no fue debido a la victoria de uno sobre otro;
su final en gran medida fue consecuencia del cansancio de la
población por una situación de violencia que estaba marcan-
do sus vidas después de tantos años (fase de agotamiento), lo
que generó la creación de un tejido social a favor de la paz.
Sin embargo, pese a la relativa paz y prosperidad de las que
han disfrutado los norirlandeses en los últimos años, el sec-
tarismo y las divisiones no han desaparecido.

Entonces, no ha servido para mucho... pensarán ustedes. Yo creo que sí; no hay más que ver que la violencia
ha desaparecido hace algo más de dos décadas en ese territorio, y, sobre todo, se consiguió dar un paso fundamental
para su finalización completa. Dicho de otra manera: han
cumplido la fase de agotamiento, que es la previa a la de
resolución definitiva.

Fase de resolución

Esta última fase supone el final irrevocable, y por lo tanto la
verdadera finalización del conflicto.

Si continuamos con el ejemplo de Irlanda del Norte y
echamos un vistazo a cómo está en la actualidad una ciudad
como Belfast, su capital, nos daremos cuenta de que sigue
inundada de muros, algunos construidos por el Ejército británico para evitar ataques entre ambas comunidades y otros
levantados con posterioridad a los acuerdos de paz; de hecho
se pueden contabilizar más de 100, lo que significa que católi-
cos y protestantes siguen divididos. Si bien hoy la situación no
es de violencia y sus habitantes pueden visitar barrios «con-
trarios» con muchos menos problemas... ¡La división sigue
existiendo! Aunque las autoridades norirlandesas establecie-

ron un periodo que finaliza en 2023 para derribar los muros, lamentablemente eso no está pasando y, lo que es peor, ¡no va a pasar! Y no ocurrirá porque el conflicto no está totalmente cerrado y esperemos que no se reactive por el Brexit.

Quizá debiéramos volver unas líneas atrás y repasar lo que dijo Max Plank, porque probablemente la resolución definitiva solo podrá ser posible con el paso del tiempo y que las nuevas generaciones se acostumbren a la convivencia a través de la cicatrización de las heridas y la desaparición de las creencias dominantes.

Finalizar definitivamente un conflicto depende de varios factores, y por supuesto una buena negociación con un acuerdo válido para ambas partes es un instrumento de máxima utilidad. De todas formas no se debe olvidar que las heridas producidas muchas veces no cicatrizan directamente con el acuerdo. Por eso, ¡una vez más!, lo mejor es gestionar el conflicto en sus fases iniciales y no cuando los daños ya se han producido.

RECUERDE:

- Primera fase: Ocultación. Se caracteriza por la no visualización del conflicto:

  - El conflicto es un «mentiroso compulsivo» y nunca se muestra por donde debería, sino que busca una debilidad en algo colateral

- Segunda fase: Activación. El conflicto se muestra con claridad

- Tercera fase: Explosión. Una vez producida la explosión es materialmente imposible poder gestionar el conflicto.

- Aparecen los denominados «bandos»: ¡nada une más que un enemigo común!

- Nunca olvidar las posibilidades que nos proporcionan los MASC (Métodos Alternativos de Resolución de Conflictos) para conseguir reestablecer la comunicación y comenzar un posible camino hacia la solución.

- **Cuarta fase: Agotamiento.** No podemos cerrar, o intentar cerrar, un conflicto solo porque la situación sea muy complicada, muy «dura» o requiera de mucho esfuerzo, sino como respuesta a una situación insostenible cuyos costes no merece la pena seguir pagando.

- **Quinta fase: Resolución.** No se puede olvidar que las heridas producidas muchas veces no cicatrizan directamente con el acuerdo. Por eso lo mejor es gestionar el conflicto en sus fases iniciales y no cuando los daños ya se han producido.

HECHOS, OPINIONES, CREENCIAS

Hace poco, mi gran amigo Alfredo Sanfeliz, socio fundador de The Wise Company, quien se define como «un facilitador del entendimiento entre personas» y un gran gestor de conflictos, y a quien tengo la fortuna de tener como compañero en el ISN, me mostró una matriz que había elaborado sobre algo que me parece fundamental a la hora de intentar solucionar un conflicto y que me ha permitido compartir con ustedes en este libro.

	Hechos	Opiniones	Creencias
Ejemplo	No llueve	*«Hace un buen día...»*	*«¡El sol es un regalo de Dios!»*
Son...	Comprobables	Discutibles	Personales
Provienen de...	La realidad	La experiencia La situación	La ideología
Deben...	Demostrarse	Argumentarse	Ser toleradas Ser respetadas
Pueden...	Analizarse	Entenderse Rebatirse	Compartirse
Lo más eficaz es...	Centrarse en ellos	Evitar polémicas innecesarias	Aceptarlas aunque no se compartan

Algo que he comprobado en diferentes ocasiones es que cuando se produce un conflicto, y preguntas a las partes porqué se produjo, estas suelen utilizar sus opiniones para explicarlo y no la descripción de los hechos que lo provocaron. ¡Craso error! Aunque entendible.

Imaginemos el siguiente diálogo:

—Pero, ¿qué ha pasado?

—¿Qué ha pasado? Pues lo de siempre. ¡O le das la razón o no hay forma! ¡Su comportamiento es impresentable!

—Ya, ¿ pero qué ha pasado?

—¡Ya te lo he dicho! ¡No se puede trabajar con él! ¡Siempre lo mismo! ¡Ya no aguanto más!

—Bueno, cálmate y cuéntame qué ha pasado.

—El idiota este dice que la culpa de que hayamos tenido un incidente en la fábrica es nuestra. ¡Claro! ¡Él no tiene la culpa de nada! ¡Nunca tiene la culpa de nada!

¿Les suena? Además, si continuásemos preguntando, la tónica de las respuestas sería muy parecida. A esto es a lo que me refiero. Opiniones, opiniones y más opiniones, pero los hechos suelen brillar por su ausencia, o están tan tergiversados que podemos decir que no son hechos reales.

Por eso, antes de nada, tenemos que saber diferenciar muy bien un hecho de una opinión y de una creencia.

Como expresa la matriz de Alfredo Sanfeliz, un hecho es algo incuestionable, que se puede comprobar y que es demostrable (esto último es muy importante). Si decimos «no llueve», eso es un hecho que puede demostrarse, que es comprobable y, por lo tanto, real. Sin embargo, «hace un buen día» es una opinión.

Lo que tenemos que saber es distinguir una opinión de un hecho; algo que parece evidente pero que en realidad no lo es tanto. ¿Cómo lo hacemos? Es muy fácil, simplemente añada al final de la frase un «o no» o un «o sí». Me explico:

—¡Hace un buen día! (O no).

Si se lo preguntas a alguien que se ha tomado cuatro días de vacaciones para disfrutarlos en ese lugar, su opinión es que hace un buen día. En cambio, si esa misma pregunta se la hacemos a alguien que tiene sembrado un campo, hace tiempo que no llueve y su cosecha está en entredicho, entonces no es un buen día; ¡todo lo contrario!

—¡No tiene razón! (O sí).

Si quien lo dice no argumenta con hechos qué ha pasado, no sabemos si tendrá o no tendrá razón; eso es una opinión.

Volvamos al diálogo que hemos puesto como ejemplo unas líneas más arriba y apliquemos esta regla:

—Pero, ¿qué ha pasado?

—¿Qué ha pasado? Pues lo de siempre. ¡O le das la razón o no hay forma! (O no). ¡Su comportamiento es impresentable! (O no).

—Ya, pero ¿qué ha pasado?

—¡Ya te lo he dicho! ¡No se puede trabajar con él! (O sí). ¡Siempre lo mismo! (O no) ¡Ya no aguanto más! (O sí).

—Bueno, cálmate y cuéntame qué ha pasado.

—El idiota este dice que la culpa de que hayamos tenido un incidente en la fábrica es nuestra (O sí). ¡Claro! ¡Él no tiene la culpa de nada! (O sí). ¡Nunca tiene la culpa de nada! (O sí).

Es decir, una opinión es discutible y puede rebatirse, por lo que si centramos el análisis del conflicto en las opiniones no podremos avanzar en su resolución, pues lo único que haremos será ahondar en el enfrentamiento.

Algo similar pasa con las creencias; el problema aquí es definir qué es y que no es una creencia. Muchos filósofos, psicólogos, etc., han ofrecido definiciones de este concepto sin ponerse de acuerdo, lo que nos indica la complejidad que tiene. De todas formas, y para lo que aquí nos interesa, podemos destacar una de ellas, la que nos ofrece, a través de una metáfora, F. Ramsey: «*La creencia es como un mapa con el que alguien se guía. En tanto que mapa, las creencias dirían cómo son, o cómo pueden ser, las cosas; y en tanto que guías, las creencias pueden determinar causalmente las acciones u otros estados mentales de los individuos, por ejemplo, deseos u otras creencias*».

Es decir, las creencias son personales y provienen de nuestras ideologías, lo que hace que puedan o no ser compartidas; no olvidemos que cada uno tenemos nuestro «mapa». Lo que sí debemos hacer es respetarlas y, en todo caso, no criticarlas sino dejarlas a un lado y basarnos en los hechos para que la discusión se mantenga sobre estos.

Una situación con la que me he tenido que enfrentar algunas veces cuando he ido a vender nuestros cursos a una empresa puede servirnos de ayuda para entenderlo mejor.

Una de nuestras especialidades dentro del mundo de la negociación es la negociación comercial, un campo apasionante que requiere de mucha experiencia para poder impartir clases sobre él y es aquí donde con más frecuencia se produce una conversación de este tipo:

–¿Has podido ver nuestra propuesta de contenidos para el curso de negociación comercial? –le pregunto a nuestro cliente.

–Sí, la he revisado y me parece todo muy teórico –responde el cliente.

Claramente estamos ante una opinión, no solo porque ha utilizado el «me parece», sino porque podríamos añadir un «o no». Esa es su opinión y claramente es contraria a la que yo tengo. Como consecuencia, caben tres posibles situaciones y respuestas por mi parte. La primera podría ser algo así:

–Yo creo que mi CV demuestra que tengo sobrada experiencia en estos temas y los profesores que me acompañan igual –le digo en un intento de contrarrestar su opinión, aunque mi respuesta no deja de ser otra opinión...

Ante esta afirmación vamos a suponer que nuestro interlocutor contestase algo así:

–Es posible, pero yo no soy católico y solo considero válidas a las instituciones laicas para la formación empresarial. El catolicismo no coincide con los valores en los que yo creo.

Ahora a lo que nos enfrentamos es a una creencia: «*Una institución católica* (refiriéndose a la Universidad Francisco de Vitoria) *no es válida porque el catolicismo no representa mis valores*». Esta afirmación puede estar muy alejada de nosotros; no obstante debemos respetarla, aunque lo más probable es que nos conduzca a un abandono del proceso. El problema surge cuando las creencias son tan maximalistas que impiden cualquier otra posibilidad que no sea aquella que representa a una de las partes; entonces la negociación se convierte en algo extremadamente difícil, cuando no imposible.

Afortunadamente, nunca me he tenido que enfrentar a una situación así.

Analicemos entonces las otras dos posibilidades. Imaginemos ahora que ante la opinión anterior («*Sí, la he revisado y me parece todo muy teórico*»), yo respondiese de esta forma.

—Creo que mi CV demuestra que tengo sobrada experiencia en estos temas y los profesores que me acompañan igual.

—Es posible, pero llevas años en la universidad y las universidades son lugares teóricos y no prácticos —me contesta.

Ahora a lo que nos enfrentamos es a la creencia «*todas las universidades son lugares teóricos y no prácticos*». Esta afirmación proviene, muy probablemente, de su experiencia universitaria, unida a la sensación que tuvo cuando se graduó de que lo que había aprendido no le sirvió de mucho en la «vida real», lo que con seguridad no es cierto, aunque él asumió esa creencia, que se ha mantenido probablemente debido a la escasa relación que ha tenido con el mundo universitario después de terminar sus estudios. Él no vive, y por lo tanto no es conocedor, de lo que hacemos o no en nuestra universidad, pero da igual porque esa creencia es válida para él.

Así podíamos seguir «*ad infinitum*», cada uno intentando convencer al otro de que su opinión es la válida, o de que sus creencias son ciertas, y entrando en un bucle del que será difícil salir. Yo seguiré pensando que él no tiene razón y él seguirá pensando cada vez que le responda: «¡qué me vas a decir tú!».

Todo ello demuestra que necesitamos ir a los hechos si queremos empezar a llevar la situación a un terreno donde las afirmaciones sean sostenidas por hechos demostrables y así tener una base sólida para poder gestionar nuestras diferencias.

Probemos entonces con otra respuesta, una segunda opción:

—Comprendo que puedas tener esa opinión; sin embargo, déjame que te exponga algunos hechos que pueden demostrarte que todo lo que te ofrecemos tiene una aplicación práctica absoluta, y a partir de ahí decides. Como podrás ver en nuestro documento, os hemos añadido un listado de nuestros principales clientes y todos ellos son empresas de primer nivel, algunas del mismo sector que la vuestra. ¿Te parece que la repasemos? Por supuesto, además, puedes contactar con cualquiera de ellos y preguntar su nivel de satisfacción.

Si hacemos ese repaso aportando datos y experiencias estaremos demostrando que, con independencia de su opinión o creencias, que no hemos atacado sino que simplemente hemos dejado a un lado, podemos demostrar que nuestra propuesta es válida, que es totalmente «práctica».

—Además, quiero comentarte un hecho que puede demostrarte que, aunque llevo años en la universidad, sigo realizando negociaciones comerciales de forma continua. Nosotros necesitamos vender si queremos que nuestro centro sobreviva; somos una universidad privada y nuestra supervivencia depende de los ingresos que tengamos. Solo así podemos pagar a nuestros profesores, mantener nuestras instalaciones, invertir en investigación, etc. Nuestro Instituto no recibe ayudas del Estado; vivimos de nuestra capacidad para dar a nuestros clientes aquello que necesitan, porque solo así podremos cerrar bien nuestros acuerdos con ellos. De hecho, esta conversación lo demuestra; yo estoy aquí intentando cerrar un acuerdo para teneros como clientes y esto puede demostrarte si estoy o no preparado para formar a tu gente.

Ahora son los hechos y no las opiniones o las creencias las que están encima de la mesa. De todas formas, esto no significa que solo con los hechos que he aportado le vaya a convencer; lo que sí es seguro es que ahora debatiremos sobre esos hechos y sobre su validez, lo cual es más objetivo.

Que estoy con él y estoy negociando para cerrar un acuerdo es un hecho demostrable e irrebatible, por lo que ahora las opiniones tienen un valor mucho menor, y probablemente podamos centrarnos en eso, lo que nos ayudará a avanzar; esto no pasaría si nuestra diferencia se intentase superar mediante una opinión con escaso fundamento.

Exagerando un poco, y esperando que ustedes lo interpreten adecuadamente, muchas veces en la gestión de conflictos podemos decir que se cumple un acrónimo que los informáticos utilizan: GIGO (*Garbage In, Garbage Out*). Es decir, si entra basura sale basura.

Pero hay algo más que debemos tener en cuenta. Aquí voy a utilizar como ejemplo una situación que me ocurrió con una persona que trabajaba en un equipo que yo dirigía. Ella era muy valiosa, una persona inteligente y muy preparada, pero tenía un punto débil que era su autoritarismo, el cual le acarreaba muchos problemas con las personas que dependían directamente de ella. Varias veces mantuve conversaciones sobre este asunto y la necesidad de cambiar su actitud, razonándole el porqué debía hacerlo, y siempre recibía la misma respuesta por su parte: «Tienes razón». Sin embargo, la situación no se modificaba en absoluto.

Esto suele ocurrir con frecuencia: frente a un problema en el que alguien te insiste y quieres que te deje en paz, lo más fácil es decir «tienes razón», y así consigues que se calle.

Después de, como digo, varios intentos de persuadirla para que cambiase su actitud a través de ejemplos que le demostrasen que no podía seguir actuando así y no obtener ningún resultado positivo, me di cuenta de que debía utilizar otra táctica, así que la llamé a mi despacho y le dije:

—Vamos a ver, María, me gustaría saber qué es lo que te impulsa a actuar así. ¿Qué estás intentando conseguir?

Lo primero que hice fue no utilizar una expresión del tipo, ¿por qué haces eso?, lo que me permitió que ella no se sintiese atacada. Al utilizar «qué te impulsó» y «qué estás intentando conseguir» le transmití la sensación de que no estaba buscando un enfrentamiento sino una solución.

Después de unos instantes, ella me dijo, mientras miraba hacia abajo:

—La verdad es que no sé por qué se está produciendo esta situación y estoy siendo atacada por mi equipo.

—Antes de nada quiero decirte que estamos aquí para solucionar el problema, no para ponerte en entredicho —le dije para evitar las reticencias que pudiera tener—. Lo que sí me gustaría es repasar contigo los hechos que han desencadenado este tema y centrarnos en ellos. ¿Te parece?

—Ok. Lo que tú digas —me contestó utilizando un tono que demostraba su incomodidad.

—Pues empecemos. Hace dos meses, más o menos, en una reunión interna le gritaste a tu equipo y les dijiste que eran unos vagos y que debían esforzarse mucho más. ¿Eso es así? —le dije lo más calmadamente posible.

—Ya, pero lo que tienes que entender es que...

—Luego analizamos el porqué, no te preocupes. La pregunta es si eso fue así o no. Todos los presentes lo afirman.

—Sí, es así... ¡Pero es que...! —me dijo mientras intentaba regresar al mundo de las opiniones

—Ya te he dicho que luego lo analizaremos. Lo que es un hecho es que les gritaste y les dijiste que eran unos vagos. ¿Ok? —le repetí para que ella volviese a tener que asentir.

—Sí, Juan. Ya te he dicho que sí, que fue así.

—Según los «*time reports*» de tu equipo están trabajando más de diez horas diarias y bastantes fines de semana. ¿Es así?

—¡Claro! Lo necesitamos... —me dijo vislumbrando un cierto resquicio por donde colarse.

—Es decir, que sí, que es así —le remarqué.

–Sí, esa información es cierta, como no puede ser de otra forma –me dijo.

–Ok. Por último, según la última encuesta de clima que hicimos, los resultados que te afectan personalmente son muy mejorables; demuestran que tu gente está al límite y que consideran que tu trato es autoritario, que no escuchas y que están sometidos a mucha presión innecesaria. Esta opinión es generalizada –le dije mientras observaba como se echaba hacia atrás y se apoyaba en el respaldo de su silla.

–Los dos lo sabemos. Esos son los resultados de la encuesta, bien lo sabes –me dijo

–Muy bien –le dije–. Por lo tanto, estamos de acuerdo en que todos estos hechos son ciertos, ¿OK?

–Vale, tienes razón –volvió a decirme una vez más.

–No, todavía no sé si tengo razón; lo único que quiero es analizar los hechos, que los admitas como reales y que hablemos.

Después de unos segundos, se incorporó y me dijo:

–Sí son reales y es así. Lo que pasa es que no me comprendes y no vives mi situación.

–Como los hechos son reales, lo que quiero preguntarte ahora es ¿qué te impulsa a actuar así? ¿Crees que es lo mejor para ti?

Permaneció en silencio mientras miraba un anillo que llevaba en su mano y hacía girar sobre su dedo. A partir de ahí la conversación cambió y pudimos comenzar el camino para encontrar una solución.

Es decir, no tuvo más remedio que aceptar la realidad, los hechos demostrables que habían ocurrido. Lo que quiero decir es que, aunque la otra parte nos dé la razón, eso no significa que estemos en el camino de la solución; hay que conseguir que sea consciente de la realidad y, sobre todo, que admita que es así y que los hechos son los que son. No consiste en admitir que la otra parte tiene razón, consiste en admitir que los hechos son así.

Por eso, cuidado cuando nos dicen «tienes razón»: probablemente solo están eludiendo el problema. Busquemos una afirmación más contundente a través de los hechos para poder hacer que estos nos acompañen en la búsqueda de un camino que nos lleve a un buen final.

En resumen, cuando nos enfrentemos a un conflicto debemos centrarnos en los hechos y en su aceptación incondicional sin despreciar las opiniones o creencias; solo apartarlas del camino para poder continuar... Después, ya analizaremos por qué ocurrieron los hechos, pero la dinámica será muy distinta.

Como dice un viejo refrán castellano: «¡Obras son amores y no buenas razones!».

RECUERDE:

- Es fundamental distinguir los hechos, de las opiniones y de las creencias.

- Debemos centrarnos en los hechos; aquello que se puede demostrar y comprobar.

- Toda opinión es discutible. Para detectar una opinión añada al final un «o no» o un «o sí».

- Las creencias deben respetarse, aunque no se compartan.

- Las creencias pueden bloquear nuestra capacidad de negociar.

MÁS KANT Y MENOS TRUMP

ALGUNAS REFLEXIONES SOBRE LA GESTIÓN DE CONFLICTOS

Hace muchos años, una gran profesora de Sociología que tuve en COU (Curso de Orientación Universitaria)[8] me dio un consejo maravilloso: *«Si alguna vez te encuentras perdido y sin respuestas, acude a los clásicos; ahí está todo»*. ¡Qué razón tenía!

Así que vamos a utilizar la sabiduría de aquellos que por sus aportaciones podemos considerar referentes. Bien es cierto que en este caso voy a considerar «clásicos» no solo a los de la antigua Grecia, ni a expertos más contemporáneos de una materia como la Ciencia Económica, sino a todos los que aportaron o aportan pensamientos y reflexiones, sea cual sea su especialidad, que deben ser tenidos en cuenta y que nos «abren ventanas» por donde debemos asomarnos. Lógicamente la lista es corta y no exhaustiva porque si no este libro sería interminable.

Asimismo, pido disculpas por anticipado ya que «traduciré» sus consejos y sabias reflexiones a lo que me interesa, y eso posiblemente pueda tener ciertas distorsiones que les pido me admitan en aras de una mejor aplicabilidad.

Por último, no tendré en cuenta sus filiaciones a ideas políticas, religiosas o de cualquier otra índole; solo me fijaré en algunas de sus consideraciones intelectuales que estoy seguro nos serán de utilidad.

---

8   Aclaro el significado de estas siglas porque la mayoría de mis alumnos de la universidad, cuando las pronuncio, no saben a qué me refiero... ¡Me estoy haciendo viejo!

Anne Lamott (1954-)

Así que, para comenzar, voy a citar en primer lugar a alguien que aún está vivo (¡ojalá que así sea por muchos años!) y que ha vendido unos cuantos cientos de miles de libros; me refiero a Anne Lamott.

Anne es una escritora estadounidense, conferenciante y profesora de escritura. Ganó el «Guggenheim Fellowship» en 1985 y está en el «Hall of Fame» de California desde 2010. Traerla a colación es debido a una anécdota que ella relata en su libro *Bird to Bird: Some instructions on writing and life* (*Pájaro a pájaro: Algunas reglas para escribir y la vida*)[9]. En este libro ella cuenta una historia que le ocurrió a su hermano mayor (y que da título al libro) cuando estaba en 4º grado. Su hermano tenía que hacer un trabajo sobre pájaros para el día siguiente y ni siquiera lo había empezado. Viéndole desesperado, su padre se sentó a su lado con un libro de Audubon (asociación estadounidense dedicada a la conservación de la naturaleza), papel y lápices, y le dijo: «*Pájaro a pájaro, hijo. Pájaro a pájaro; lee sobre los pelícanos y después los describes con tus propias palabras. Luego lee sobre los pájaros carpinteros y después los describes con tus propias palabras, y así sucesivamente: Pájaro a pájaro, hijo. Pájaro a pájaro*».

Me parece un consejo maravilloso. No sé ustedes, pero muchas veces en mi vida profesional, cuando he estado estresado y lleno tareas a realizar, me hubiera venido muy bien este consejo, que traducirdo sería: una cosa detrás de otra.

Pues igual pasa con los conflictos: no intente solucionar todo de golpe, diseccione el problema y «pájaro a pájaro». Los conflictos nos generan ansiedad y eso afecta a su gestión. No tenga prisa y analice cada punto por separado y uno detrás de otro.

---

9   Editorial Ilustrae, 2009.

Karl R. Popper (1902-1994)/Nassim Nicholas Taleb (1960-)

Karl Popper nació en Viena en 1902 aunque posteriormente se nacionalizó británico. Está considerado uno de los grandes filósofos de la historia y es unos de los pilares de la filosofía de la ciencia, siendo su obra más conocida «La lógica de la investigación científica» (1934). Incursionó, además, en disciplinas como las matemáticas y la física, donde adquirió la certificación de profesor en 1929.

Ni mis pobres conocimiento sobre las teorías de Popper, ni lo complejo que resultaría poder siquiera resumir aquí su pensamiento, pueden hacerme intentar tal empresa. Si quiero citarlo es para exponer brevemente una doctrina epistemológica aplicada a las ciencias que él enunció y a la que se denomina falsacionismo, aunque originalmente él la bautizó con el nombre de racionalismo crítico.

¿Qué es el falsacionismo y para qué nos puede servir? Esta doctrina sostiene que para constatar una teoría es necesario intentar refutarla mediante un contraejemplo porque la única forma de corroborar su validez provisional es cuando no es posible refutarla. Por tanto, el criterio de verificación no será el de su verificabilidad, sino el de su falsabilidad. Desde mi punto de vista, esto tiene una aplicación directa a la gestión de conflictos y para entenderlo mejor, utilizaremos las ideas de otro gran pensador, Nassim Nicholas Taleb.

Nassim Nicholas Taleb (Líbano, 1960) es un ensayista, investigador y financiero −para mí una de las mentes más lúcidas de las últimas décadas− que ha dedicado su vida a estudiar los problemas de la suerte, la incertidumbre, la probabilidad y el conocimiento. Es, entre otras cosas, miembro del Instituto de Ciencias Matemáticas de la Universidad de Nueva York y profesor de Ciencias de la Incertidumbre en la Universidad de Massachusetts y en la London Business School.

Uno de sus maravillosos libros, *El cisne negro*[10], comienza así: «*Antes del descubrimiento de Australia (allí se observó el primer cisne negro), las personas del Viejo Mundo estaban convencidas de que todos los cisnes eran blancos, una creencia irrefutable pues parecía que las pruebas empíricas la confirmaban en su totalidad... Este hecho ilustra una grave limitación de nuestro aprendizaje basado en la observación o la experiencia, y la fragilidad de nuestro conocimiento. Una sola observación puede invalidar una afirmación generalizada derivada de milenios de visiones confirmatorias de millones de cisnes blancos. Todo lo que se necesita es una sola (y, por lo que me dicen, fea) ave negra*». Es decir, lo que ahora podríamos afirmar como verdad es que no todos los cisnes son blancos. Dicho de otra forma: conociendo lo que no es, estamos mucho más cerca de saber aquello que sí es.

Aquí viene su enlace con el «falsacionismo» de Popper (tengan un poco de paciencia para permitirme llegar a la conclusión que quiero mostrarles) y que está remarcada en otro ejemplo de su libro: la paradoja del pavo. Esta paradoja fue originalmente enunciada por Bertrand Russell (él utilizaba un pollo y Taleb un pavo para hacerla más estadounidense).

Imaginemos un pavo que vive en una granja y es alimentado y cuidado con esmero todos los días por el granjero. ¿Qué pensará el pavo de la vida? Pues, sin duda, que es maravillosa y que le tocó la lotería al vivir en ese paraíso. ¿Qué piensa el pavo del granjero? No cabe duda de que su creencia será que «*...la regla general de la vida es que a uno lo alimenten (y cuiden) todos los días unos seres amables del género humano...*», representados en su caso por el granjero. Es decir, que este es un ser maravilloso que «mira por sus intereses». El problema es que la tarde anterior al día

---

10   Editorial Planeta, 2012.

de Acción de Gracias ocurrirá algo inesperado: ese granjero maravilloso que le proporciona una vida llena de comodidades le cortará la cabeza, lo que le llevará a tener que revisar su creencia... ¡Si le hubiera dado tiempo!

Como dice Taleb, el animal aprendió de la observación, como a todos se nos dice que hagamos. Su confianza aumentaba a medida que se repetían las acciones alimentarias y cada vez se sentía más seguro, pese a que la hora del sacrificio era cada vez más inminente.

Todo ello nos lleva a lo que se denomina el «error de confirmación». Al igual que hace el pavo al creer que su cuidador es una excelente persona basándose en la observación diaria, nosotros llegamos a conclusiones similares en nuestra vida cotidiana, lo que es lógico pero peligroso, tanto en la época con las profundas transformaciones que estamos viviendo como si estamos intentando solucionar un conflicto. Sigamos.

Lo que es cierto es que el pavo confunde la «ausencia de pruebas» del instinto asesino del granjero con tener realmente una «prueba de ausencia» de ese instinto; vive en un estado de autoengaño. Debido a este mecanismo mental, todos nosotros tendemos a fijarnos en aquello que confirma nuestra historia sin comprender que lo que deberíamos hacer es buscar otras pruebas que demuestren que estamos en un error y así acercarnos mucho más a la verdad.

Todo lo expuesto hasta ahora en este apartado es aplicable a la gestión de conflictos. En general, en un conflicto solemos estar infectados por el virus del «error de confirmación», debido a que lo único que buscamos desesperadamente son pruebas que confirmen aquello que pensamos sobre las personas que están en conflicto con nosotros y, sobre todo, que confirmen que tenemos razón. En muy pocos casos, por no decir nunca, solemos utilizar la «falsabilidad» como herramienta que nos ayude a buscar pruebas que refuten nuestros pensamientos, ideas, creencias, etc.

Ser conscientes de esta necesidad y utilizar esta herramienta es más fácil cuando el conflicto todavía no ha estallado, porque si intentamos hacerlo cuando nuestras emociones nos tienen atrapados es casi imposible. Ni siquiera atenderemos a quien pretenda convencernos de buscar esas pruebas en contra y, como ya he dicho anteriormente, además convertiremos a esa persona en un «enemigo».

Un ejemplo muy claro de esta situación la tenemos incluso cuando ni siquiera conocemos a alguien y hacemos caso de un comentario maledicente que otro hace sobre él, tomándolo como cierto y forjándonos una idea, muchas veces equivocada. Aunque ni siquiera lo conocemos, da igual; en vez de intentar comprobar su veracidad a través por ejemplo de personas cercanas a quien ha sido vilipendiado o intentar hablar con él para ver qué nos dice, es decir, buscar pruebas en contra para refutar la afirmación que hemos oído, hacemos caso a frases como: «lo sé de muy buena fuente», «te aseguro que es así», «me lo ha dicho un buen amigo que le conoce bien», «lo sabe todo el mundo», etc.

Quizá deberíamos hacernos preguntas del tipo: ¿Por qué me lo está diciendo? ¿Qué pruebas me está aportando? ¿Y si fuera mentira?

Esto, que es un «pecado» bastante habitual del que podemos acusarnos muchos de nosotros, es algo que ocurre en los conflictos y que incendia aún más las situaciones. Por ello, antes de dar por bueno aquello que «creemos» saber o aquello que pensamos sobre un tema que afecta directamente al conflicto, es necesario ponerlo en cuestión, pues solo cuando no podamos encontrar pruebas en su contra podremos darlo por cierto.

René Descartes (1956-1650)

Este filósofo y matemático francés nació en La Haye (Francia) en 1596. Se educó en La Flèche, considerado en su época uno de los centros educativos más prestigiosos de Europa. Fue militar y sirvió en las filas de Mauricio de Nassau y Maximiliano I de Baviera. Al renunciar a su vida militar viajó por Alemania, Países Bajos e Italia. En 1628 decidió instalarse en Holanda y en 1649 fue contratado por la reina Cristina de Suecia como su preceptor de Filosofía. Fue allí donde en 1650 falleció a causa de una pulmonía.

Su obra más conocida es el *Discurso del método*, que se publicó en 1637 como prólogo a tres ensayos científicos: *La Dióptrica, Los Meteoros* y *La Geometría*. Su «duda metódica» no cuestiona en ningún momento la existencia de Dios; todo lo contrario. Sin embargo, al igual que Galileo, Descartes fue perseguido a causa de sus ideas.

Fue el iniciador del primero de los «ismos» filosóficos de la modernidad: el racionalismo. Esta filosofía propone hacer tabla rasa de la tradición y construir un nuevo edificio sobre la base de la razón y la ayuda de la metodología de las matemáticas. Su método, que desarrolla en el *Discurso del método*, se compone de cuatro preceptos o procedimientos que expondré a continuación y que nos servirán para profundizar en lo que he trazado en el anterior punto.

Lo primero que debemos tener en cuenta es que Descartes propone una máxima que, de alguna forma, es un precedente del falsacionismo (racionalismo crítico) de Popper: «Dudar es pensar». Pero para pensar es necesario existir; *«pienso, luego existo»*, su más famosa formulación.

Las cuatro reglas que Descartes propone son las siguientes (ruego que se me admita la simplificación y su adecuación a aquello que nos ocupa):

1. *Regla nº1: evidencia.* Si algo puede causarnos una duda, por muy remota que sea, no podemos admitirlo como cierto.

2. *Regla nº2: análisis.* Dividir lo que voy a analizar en tantas partes como sea posible (para llegar a definir sus elementos más básicos, a los que Descartes denominó «elementos simples») y se requiera para su resolución.

3. *Regla nº3: síntesis.* Poner en orden nuestros pensamientos comenzando por aquello más sencillo e ir poco a poco hacia el conocimiento más complejo. De alguna manera, si comenzamos por lo que mejor conocemos (lo más simple) accederemos a lo desconocido (lo más complejo).

4. *Regla nº4: comprobación.* Como dice textualmente Descartes: «*Realizar en todo unos recuentos tan completos y unas revisiones tan generales que se pudiese estar seguro de no omitir nada*».

Creo que estas reglas son lo suficientemente claras como para poder utilizarlas como base para que antes de nada sometamos nuestras consideraciones, ideas, etc., sobre un conflicto a estas. Si así lo hacemos es muy probable que modifiquemos muchos aspectos de lo que creíamos que era o significaba el conflicto al que nos enfrentábamos; podremos tener más certeza sobre la manera de gestionarlo y, en consecuencia, llegar a una solución. Y, en todo caso, aunque al final dedujésemos que estábamos en lo cierto, al menos tendremos la tranquilidad de saber que lo que defendemos es real y bastante cierto (y digo bastante y no totalmente cierto).

Mi admirado y muy querido amigo Álvaro Rengifo[11], uno de los negociadores más expertos que conozco y quien también me acompaña como profesor en el ISN, siempre me ha dicho, ¡y tiene toda la razón!, que un porcentaje muy elevando del éxito que tengamos en una negociación (entender el conflicto, es decir, las diferencias que nos separan, es su primera fase) está en el tiempo que dediquemos a prepararlo; ¡la preparación lo es todo!

Philip G. Zimbardo (1933-)

Zimbardo es un psicólogo social que se hizo famoso a raíz de de un experimento realizado en la Universidad de Stanford al que se denominó «La cárcel de Stanford», del que hablaré a continuación y cuyos resultados se publicaron en un interesantísimo libro llamado *El efecto Lucifer*.

Hijo de emigrantes sicilianos se crió en uno de los barrios más pobres de Nueva York, el South Bronx. Allí tuvo que convivir con muchos problemas relacionados con las drogas, la prostitución y la delincuencia en general, aunque, según dice, eso le sirvió para entender que la situación y el entorno son detonadores de las conductas.

Ha sido profesor en las universidades de Stanford, Yale, Nueva York y Columbia. Además ha sido un prolífico y considerado investigador y divulgador de la psicología social, materia sobre la que ha desarrollado estudios muy importantes sobre la maldad, la autoridad, el terrorismo, la tortura, etc.

---

11   Técnico comercial y economista del Estado. Presidente de «Amref» (Salud África) galardonada con el premio Príncipe de Asturias a la Cooperación internacional 2018. Ha ocupado puestos de máxima responsabilidad en instituciones públicas y privadas.

Vamos a centrarnos, como he dicho antes, en el experimento que él diseñó y al que denominó «La cárcel de Stanford». ¿En que consistió?

En 1971, Philip Zimbardo, que en aquel momento era profesor en Stanford, decidió llevar a cabo lo que parecía un sencillo experimento con el fin de demostrar la frágil y delgada línea que separa el bien del mal.

Una de las cuestiones más importantes de este experimento era responder a la siguiente pregunta: ¿Qué sucede cuando se pone a un grupo de personas buenas en un entorno malo?

Para intentar responder a esta y otras cuestiones, Zimbardo publicó un anuncio en la prensa de la zona ofreciendo 15 dólares diarios (muy bien pagado para la época) a los estudiantes que quisieran formar parte del experimento. Recibió más de 100 solicitudes. A todos ellos se les sometió a una serie de tests para verificar su personalidad, honestidad, confiabilidad y estabilidad emocional. Se seleccionó a 24 (los más aptos), dividiéndolos en dos grupos de nueve (quedando seis como reservas); un grupo se convertirían en carceleros y el otro en reclusos. La elección de uno y otro grupo se hizo tirando una moneda al aire.

Además, en los sótanos de la universidad se construyó una réplica exacta de una cárcel (que fue mostrada a los «carceleros» el día antes), hecho que era desconocido por el grupo de los reclusos. En las celdas se colocaron micrófonos y cámaras ocultos con el fin de poder hacer un seguimiento constante de lo que sucedía.

El primer día incluso contó con la colaboración de agentes reales de la Policía que fueron los encargados de detener en sus domicilios a los integrantes del grupo de reclusos; los esposaron, los introdujeron en el coche policial y les taparon los ojos con el fin de que no supieran a dónde se dirigían.

«La cárcel de Stanford» estaba custodiada por los nueve estudiantes del grupo de carceleros. Todos fueron aleccionados sobre como debían tratar a los presos. La orden exacta fue: «mantened un grado razonable de orden dentro de la prisión, el necesario para un funcionamiento efectivo». Lo único que estaba prohibido era el maltrato físico. A los carceleros se les proporcionó un uniforme, gafas de espejo para impedir el contacto visual y una porra de goma.

En cuanto los reclusos llegaron a la «cárcel», se procedió a tomar sus huellas dactilares y fueron fichados por la Policía mientras se les leían sus derechos. A continuación fueron desparasitados, se les cortó el pelo y se les vistió con una especie de saco de muselina sin ropa interior. Todos debían ponerse un gorro, que en realidad era una media de mujer, se les ataron a los tobillos unas pesadas cadenas y se les dieron unas «chanclas» de goma para los pies. Toda esta parafernalia pretendía acelerar el proceso y que se sintieran presos reales.

El segundo día se produjeron los primeros problemas importantes. Algunos de los reclusos se quitaron los gorros y arrancaron los números identificativos que llevaban cosidos en su ropa, se quejaron muy intensamente de la humillación a la que estaban sometidos y del trato desproporcionado que estaban recibiendo por parte de los carceleros.

Los carceleros cada día que pasaba se tomaban más en serio el papel que les había tocado representar, olvidándose de que todo aquello no era más que una ficción. La consecuencia fue que un grupo de presos organizó un motín que fue reprimido de forma contundente por los carceleros, aislando a los cabecillas y ofreciendo al resto ciertas «recompensas» si les obedecían y no se sumaban a la rebelión.

El derecho a ir al cuarto de baño pasó a ser un privilegio que podía, como ocurría con cierta frecuencia, ser denegado. Se retiraron los colchones de las celdas de los malos y también se forzó a los prisioneros a dormir desnudos en el suelo de hormigón. La comida también era denegada a menudo como castigo. Lo que ocurrió es que, a medida que el experimento iba avanzando, muchos de los carceleros incrementaron su sadismo, particularmente por la noche cuando pensaban que las cámaras estaban apagadas.

En realidad, y sin que Zimbardo se diera cuenta en esos momentos, estaba sentado sobre una bomba de relojería que comenzó a explosionar cuando el preso 8612, 36 horas después de comenzar el experimento, tuvo que ser liberado ya que sufría una fuerte depresión. Es más, el propio Zimbardo estaba tan involucrado que no se daba cuenta de lo que estaba sucediendo, a pesar de las múltiples señales que tenía. Afortunadamente, la novia de Zimbardo, Christina Maslach, también psicóloga (y actualmente vicerrectora de pre-grado en la Universidad de Berkeley), hizo una visita para entrevistar a los reos y consiguió convencer a Zimbardo para que anulase inmediatamente el experimento, que finalizó seis días después de ser iniciado.

Ninguno de los estudiantes que jugaron el papel de «prisioneros» tuvo por fortuna ninguna secuela según los estudios realizados un año después, incluido el reo 8612, quien posteriormente se convirtió en psicólogo de la cárcel del condado de San Francisco.

Lo que sí demostró este experimento es la influencia que pueden tener en nuestro comportamiento el entorno y las circunstancias: personas perfectamente normales tuvieron un comportamiento anormal sometidas a dichas circunstancias. Tal y como escribió Zimbardo después: *«Cualquier acto que cualquier ser humano haya hecho alguna vez, por horrible que sea, es posible llevarlo a cabo por cualquiera de nosotros bajo las presiones situacionales correctas o incorrectas...».*

No sé, siendo sincero y después de haberle dado muchas vueltas a este experimento, si las conclusiones de Zimbardo pueden ser totalmente válidas (hubo muchas y variadas), puesto que es muy probable que encontráramos ejemplos que contradicen esas conclusiones; deberíamos «falsarlo» antes de nada. Bien es cierto que en la conclusión suya que he recogido unas líneas más arriba él utiliza la expresión «es posible» y no «es seguro», lo que probablemente la valida, puesto que desde mi punto de vista lo que nos indica es que por lo menos tengamos en cuenta esa posibilidad. En todo caso existen muchos ejemplos de personas que sometidas a esas presiones situacionales o a la asunción de un «rol» concreto no han actuado de esa forma destructiva. En mi opinión, por ejemplo, la Alemania de la preguerra (Segunda Guerra Mundial) es un ejemplo muy destacable en ambos casos. Es cierto que la mayoría se dejó influenciar y actuó en el conflicto contra los judíos de una forma salvaje e injustificada, pero también es cierto que en la misma situación hubo muchos casos de personas que, sometidas a esas mismas circunstancias, no lo hicieron. Además, el grave peligro de este experimento es que puede justificar la violencia y a quien la comete por el simple hecho de estar en determinadas circunstancias sin considerar que la decisión final sobre si hacemos o no hacemos algo es exclusivamente nuestra, y esa responsabilidad es innegociable. Lo único que sí podríamos admitir es que es una «atenuante» en el juicio de un mal comportamiento.

Sin embargo, lo que sí parece claro es que el entorno puede ejercer una poderosa influencia en nuestras conductas. Desde una perspectiva empresarial y según mi propia experiencia, el clima que se «respira» en algunas organizaciones tiene una relación directa en la clase e intensidad de los conflictos que se producen, así como en su capacidad para resolverlos.

Hay organizaciones cuya cultura organizativa provee de todas las «armas» para que se produzcan «conflictos destructivos» y otras donde los principios y valores imperantes promueven todo lo contrario. He vivido ambas, aunque debo decir que entre las segundas hay algunas donde se pretende instaurar un «buenismo» que puede llegar a resultar peligroso. Ni la competitividad extrema es sana, ni evitar los conflictos tampoco. Aquellas que promueven «conflictos destructivos» pueden haber sido «exitosas» en tiempos pasados, cuando por ejemplo el «yupismo» imperaba como moda, pero el «buenismo» me parece igual de destructivo... ¡Con seguridad! ¿Por qué? Pues por una razón muy sencilla: porque los conflictos son crisis y las crisis son oportunidades de cambio, y por lo tanto de evolución, por lo que evitarlos solo enmascara las situaciones y no deja que estas se resuelvan y así poder obtener un resultado positivo.

Por consiguiente, deberíamos construir a nuestro alrededor una cultura capaz de comprender que el conflicto forma parte de nuestras relaciones y que debemos resolverlo a través de una gestión que tenga a la negociación como herramienta fundamental. Y esto, por mucho que lo intentemos, no se consigue solo con buenas palabras e intenciones, ni siquiera con discursos atractivos en las convenciones anuales de empresa, sino a través de una formación adecuada y obligatoria para todos los que conforman una organización, a lo que debemos añadir el ejemplo de los directivos en este sentido. Aunque muchos no lo piensen o no lo crean, una cultura negociadora, es decir un entorno que propicie la adecuada gestión del acuerdo, es una base muy sólida para construir las mejores relaciones y con ello mejorar la productividad.

Immanuel Kant (1724-1804)

Nació en Königsberg, Prusia (actualmente este territorio se denomina Kaliningrado y pertenece a Rusia. Está enclavado entre Lituania y Polonia sin frontera terrestre con Rusia) el 22 de abril de 1724. Es considerado uno de los filósofos más importantes de la Historia.

Una de sus obras más destacadas fue *Crítica de la razón pura* (1781) donde reflexiona acerca de la estructura misma de la razón. Otras de las obras que podemos destacar son *Prolegómenos a toda metafísica futura, Fundamentación de la metafísica de las costumbres* o *Crítica de la razón práctica*.

En *Fundamentación de la metafísica de las costumbres* (1785), Kant propone un concepto que es imprescindible en la vida, y por supuesto en la gestión de conflictos (al fin y al cabo estos son inherentes a la propia vida). Me refiero concretamente a lo que denominó el «imperativo categórico».

¿Qué es un «imperativo categórico»?

Es un principio propio del libre albedrío y la autonomía de la voluntad que nos propone actuar de acuerdo con unas «máximas» (normas morales que determinan qué debe o no hacerse) que pretendemos que se conviertan en leyes universales: «*Obra solo según una máxima tal que puedas querer al mismo tiempo que se torne ley universal*».

Según Kant, la base de la moralidad humana debe construirse a través de la razón propia y no porque es impuesta por una autoridad divina. Por lo tanto, el ser humano tiene que ser capaz de determinar las máximas morales que debe seguir categóricamente con independencia de su religión o ideología y que son incondicionales; es decir, que no se les puede poner condiciones. Dicho de otra forma, los imperativos categóricos se aceptan porque es nuestro deber actuar de ese modo, ¡sin más! Por ejemplo: «No robes», «no mientas», «no mates», etc.

Sin embargo, si el «no mates» viene seguido por un «que te irás al infierno», Kant lo denomina un «imperativo hipotético» o «precepto condicional», ya que está dirigido a la realización de un fin concreto. Otro ejemplo podría ser la frase «Tienes que ser muy trabajador porque así conseguirás... ganar más dinero o ascender o una buena pensión, etc.». Es decir, tu acción está condicionada a un fin, por lo que tu actuación se debe a ese motivo, lo cual puede significar que si dejases de tener ese fin dejarías de actuar así.

Esto se puede aplicar a los conflictos de forma directa (pido disculpas a los expertos en Kant por si no soy todo lo ortodoxo que debiera). Lo que quiero decir es que cuando estamos intentando gestionar un conflicto es fundamental plantearnos cuáles son nuestros «imperativos categóricos» y cuáles nuestros «imperativos hipotéticos», siendo lo más importante dilucidar los primeros. Es decir, que antes de pensar cómo actúo en el conflicto debido a mis intereses, debo dilucidar cómo me comporto con independencia de estos. Siguiendo con lo que propone Kant: *«Pues antes de pensar cómo ser el mejor, el hombre debe estar preocupado para prevenir lo peor; esto es, rechazar decididamente las máximas que contradigan la confianza mutua y el respeto a la dignidad ajena...».*

En consecuencia, podríamos convenir que en la gestión de conflictos es muy importante saber y cumplir con preceptos categóricos tales como:

- No engañar
- Ser equitativo
- Buscar el bien común

Estos deben convertirse en una ley universal incondicional de nuestra organización y ser explicitados a todas las personas que forman parte de ella. De alguna manera es lo que deberían representar los valores corporativos, algo que está por encima de nuestros propios intereses y cuya aceptación y cumplimiento es innegociable; si no es así, no se puede pertenecer a dicha organización.

Por eso, al enfrentarnos a un conflicto y considerar qué conducta estoy teniendo para resolverlo, deberíamos hacernos tres preguntas «kantianas»:

1. ¿Mi conducta se adecúa a las reglas incondicionales que se han definido? ¿Qué me he definido a mí mismo?
2. ¿En la búsqueda de mis intereses estoy siendo respetuoso con lo incondicional?
3. ¿Me gustaría pertenecer a una organización donde no me exigieran esas reglas?

El problema es que en los acontecimientos diarios no existe un «ojo que todo lo ve», sino que en la mayoría de las ocasiones nuestras actuaciones no tienen testigos que puedan acreditar nuestra conducta y podemos engañar sobre lo que hemos hecho. Por eso también deberíamos tener en cuenta algo que Baltasar Gracián, jesuita y escritor español perteneciente al Siglo de Oro, dijo: *«Actúa como si te estuvieran viendo»*.

Daniel Kahneman (1934-)

Kahneman, nacido en Tel Aviv, se formó en Psicología (con especialidad en Matemáticas) en la Universidad Hebrea de Jerusalén y se doctoró en Psicología por la Universidad de Berkeley (California, EEUU). Fue galardonado con el Premio Nobel de Economía en 2002. Actualmente es catedrático del Departamento de Psicología de la Universidad de Princeton.

Es miembro, entre otras, de la Academia Nacional de Ciencias de Estados Unidos, de la Academia Americana de las Artes y las Ciencias y de la Real Academia de Ciencias Económicas y Financieras de España.

Kahneman y su amigo Amos Tversky (fallecido en 1996), son considerados los padres de la Economía Conductual o Economía del Conocimiento. Su libro más representativo, y un éxito a nivel mundial, es *Pensar rápido, pensar despacio*, en el cual Kahneman sintetizó más de cuatro décadas de estudio.

Una de sus teorías más conocidas es la «Teoría prospectiva» (también llamada «Teoría de las perspectivas» y elaborada junto a Amos Tversky) y publicada bajo el título: *«Prospect Theory: An Analysis of Decision under Risk»*. En dicha teoría se desarrolla un modelo alternativo a la «Teoría de la utilidad esperada» y se cuestiona la validez del supuesto neoclásico del agente racional, proponiendo que los individuos establecen preferencias en función de la situación y circunstancias específicas, en lugar de en términos absolutos.

Sin ninguna duda Kahneman ha realizado múltiples aportaciones al integrar el campo del análisis psicológico de la conducta humana con la ciencia económica, muy especialmente sobre la toma de decisiones en contextos de incertidumbre. Todo ello, como pueden imaginarse, es especialmente relevante en el mundo de los conflictos. A continuación expondremos algunas de esas aportaciones que por su relevancia pueden ayudarnos en el campo que estamos desarrollando.

Lo primero que debemos tener muy en cuenta es la diferencia entre experiencia y recuerdo, ya que son conceptos muy diferentes. Un ejemplo que nos propone Kahneman para comprenderlo es el siguiente: *«Una persona había estado escuchando una sinfonía maravillosa, pero, al final de la grabación, se produce un chirrido muy estridente y des-*

agradable. Al preguntar a esa persona dijo que el chirrido le había echado a perder la experiencia. Esto no es así; lo que se había echado a perder fueron los recuerdos de esa experiencia; él había tenido la experiencia (¡maravillosa!) pero sirvió para muy poco porque se quedó con el recuerdo del chirrido desagradable».

Por eso debemos entender que tenemos dos «Yoes»: El «Yo de las experiencias» y el «Yo de los recuerdos». ¿En qué se diferencian?

El «Yo de las experiencias» vive y conoce el presente y es capaz de revivir el pasado (pero básicamente solo tiene el presente). Por ejemplo: este «Yo» es el que actúa cuando el médico te pregunta: ¿te duele aquí?

El «Yo de los recuerdos» es el que toma nota y mantiene la historia en nuestra vida. Es, por decirlo así, un narrador de historias (que se inician como respuesta inmediata a nuestros recuerdos). Por ejemplo, este «Yo» es el que actúa cuando el médico te pregunta: ¿cómo te sientes últimamente?

Lo que Kahneman nos dice es que hay un conflicto permanente entre los dos «Yoes»; nuestra memoria nos cuenta historias que no son otra cosa que lo que nos queda para recordar nuestras experiencias.

El «Yo» que vive experiencias, las vive una detrás de la otra. ¿Qué pasa con esas experiencias? Pues muy sencillo, que se pierden para siempre. La mayoría de los momentos de nuestra vida no dejan rastro y los ignoramos por completo y eso hace que el «Yo» de los recuerdos los ignore totalmente.

El ejemplo que nos propone es muy claro:

«Yo de las experiencias»: Si tienes unas vacaciones de dos semanas y la segunda es tan buena como la primera, estas vacaciones de dos semanas son el doble de buenas que las de una semana.

«Yo de los recuerdos»: Estas vacaciones de dos semanas son apenas mejores que las de una. ¿Por qué? Porque no se añaden recuerdos nuevos; es decir, no cambia la historia. Este «Yo» no hace más que recordar y contar historias y es el que toma las decisiones; por eso no elegimos entre experiencias: elegimos entre recuerdos de esas experiencias. Kahneman dice que incluso el futuro lo pensamos en cuanto a recuerdos previstos.

Así que pensemos por un momento en lo que ocurre muchas veces en los conflictos interpersonales y que tiene mucho que ver con esto. Algunas situaciones que he vivido me hacen corroborar estos dos «Yoes». Por ejemplo, aquellas que se producen cuando dos personas que han pasado muchos años compartiendo su vida (personal o profesional) tienen un conflicto grave. Cuando hablas con ellos te das cuenta de que su comportamiento es muy parecido al ejemplo que poníamos antes sobre la persona que estaba oyendo una sinfonía; al final se quedan con el «chirrido», y aunque la experiencia de vida haya sido maravillosa, los recuerdos vividos han sido anulados por el recuerdo del «conflicto/chirrido» final. A partir de ahí, «el narrador de historias» suele tergiversar la realidad vivida.

Por esta razón es muy importante que consigamos rememorar los buenos recuerdos de las anteriores experiencias, pues así podremos entender que no podemos valorar solo aquello que hemos vivido en los últimos acontecimientos, sino el conjunto, y de esa forma entender y gestionar mucho mejor la situación.

Esto también ocurre con mucha frecuencia en los conflictos entre padres e hijos (cuando estos son graves). Ambas partes, cuando hablas por separado con ellas después de la explosión del conflicto, tienden a valorar casi exclusivamente ese mal comportamiento que una parte dice haber tenido con la otra e ignoran las experiencias vividas durante los años anteriores y no dejan que aparezcan los recuerdos de esas situaciones positivas y así pueden valorar el conjunto y no solo un acontecimiento; desde ahí casi siempre se toman decisiones equivocadas.

También ocurre entre los socios de un negocio que entran en conflicto grave después de años de relación fructífera; todo gira alrededor del «chirrido» final, por lo que es necesario hacer una labor pausada para que un relato completo de la historia sea considerado a través de los recuerdos de muchas y buenas situaciones vividas a lo largo de su trayectoria y de las que ha sido protagonista el otro. De esa forma es posible conseguir que el relato cambie y modifique las conclusiones.

No podemos olvidar que lo que define una historia son los cambios, los momentos importantes, y sobre todo el final; el final es muy relevante para que la historia sea, digámoslo así, aceptada. Por eso hay que tratar de modificarlo atrayendo el recuerdo de los momentos importantes y positivos.

Como buen aficionado (¡apasionado!) que soy del cine puedo decir que esto se cumple inexorablemente en las películas cuyo final es poco afortunado; si es así, todo el guion tiene un valor mucho menor. Seguro que encuentran varios ejemplos.

Kahneman, en colaboración con Amos Tversky, nos aporta otro concepto al que denominó «sesgo cognitivo». Estos sesgos surgen de procesos tales como el «pensamiento heurístico» (atajos que crea nuestra mente), motivaciones de tipo emocional y moral y, por supuesto, de la influencia social.

En un artículo publicado en 1971, cuyo título era *Belief in the Law of Small Numbers* (La creencia en la ley de los pequeños números), desafiaron la creencia que se estableció en el siglo XIX según la cual el ser humano tomaba decisiones esencialmente racionales; es decir, que las decisiones se tomaban basándose en evaluaciones muy precisas del coste-beneficio. Como consecuencia, ambos publicaron nuevos trabajos, en lo que denominaron «Programa de heurísticos y sesgos», para demostrar que la mayoría de las decisiones importantes no están sostenidas por un análisis formal del problema sino por esos principios heurísticos y sesgos. A partir de ese momento se produjeron muchas nuevas investigaciones en campos como la psicología, la economía, las ciencias políticas, etc. Todo ello conformó la base que la Academia sueca tuvo en cuenta para otorgar a Kahneman el Premio Nobel de Economía en 2002.

Pero, ¿qué es un «sesgo cognitivo»? Su definición podríamos establecerla, de manera resumida, como las causas que provocan alteraciones en el procesamiento de la información que un ser humano capta a través de sus sentidos. Estas alteraciones nos generan distorsiones o interpretaciones ilógicas sobre la información de que disponemos. Por consiguiente, estos sesgos influyen en la forma que tenemos de tratar un conflicto, donde la información es un elemento básico.

Kahneman ha puesto en evidencia una gran cantidad de estos sesgos, por lo que sería imposible resumir siquiera todos ellos aquí, ni es lo que persigo. Lo que pretendo es enunciar algunos para que no olvidemos cómo influyen en nuestra toma de decisiones; es decir, en nuestra postura frente a un conflicto, y con ello también ser conscientes de lo «manipulada» que está a veces nuestra forma de interpretar los hechos, y de esta manera repensemos, «falsemos», y hagamos todo lo necesario para intentar evitar estas tergiversaciones. Con ello no quiero decir que los «sesgos cognitivos» sean estrictamente malos, ya que nuestro cerebro hace uso de determinados atajos mentales para tomar decisiones de forma más rápida y así ser más ágil a la hora de reaccionar, desenvolverse y adaptarse al entorno. De esta forma conseguimos generar una serie de estrategias mentales que nos permiten aumentar nuestras probabilidades de supervivencia.

A continuación expongo algunos de ellos, los que en mi opinión, y de una forma muy resumida, me parecen más relevantes y ejemplificadores (siento no tener espacio para poder exponerlos todos, pero imagino que Kahneman y sus editores se enfadarían conmigo, ¡y con razón!).

- *Sesgo de confirmación.* Aceptar sin más las pruebas que confirman nuestras ideas y no aceptar, o ser escépticos, respecto a aquellas que son contrarias a las que consideramos parciales o interesadas. Esto es continuo en el análisis de los conflictos (como he indicado anteriormente).

- *Sesgo de retrospectiva.* Reconstruimos el pasado a través del conocimiento actual. Por ejemplo, los lunes suele ser muy fácil saber lo que tendría que haber hecho nuestro equipo para ganar el partido que jugó el domingo.

- *Sesgo de retrospectiva de «color rosa».* «Cualquier tiempo pasado fue mejor», sería la frase que resume este sesgo; es decir, recordamos los hechos de nuestro pasado como mejores de lo que en realidad fueron.

- *Sesgo del «mundo justo».* Solemos pensar que si algo malo le ha pasado a alguien es porque ha hecho lo necesario para merecérselo. Por ejemplo, si a alguien le roban el móvil es porque no lo llevaba donde debía.

- *Sesgo de la «profecía autocumplida».* Comenzamos con una definición falsa, seguimos con un comportamiento que se adecúe a nuestras expectativas y convertimos la definición falsa en real. Por ejemplo, «voy a suspender matemáticas porque el profe me tiene manía», así que comienzo a preocuparme por la posibilidad de que me suspendan y al final se produce el suspenso. «Ya os lo dije».

- *Sesgo de atribución.* Tendencia a considerar que nuestros éxitos personales son debidos a nuestra inteligencia, habilidades, etc. y atribuir a circunstancias externas nuestros fracasos. ¿Les suena?

- *Sesgo «Keinshorn».* Predisposición a contradecir sistemáticamente las ideas de otras personas que nos caen mal y con las que no simpatizamos.

- *Sesgo de la debilidad y la fortaleza.* Predisposición a juzgar como más creíbles los comportamientos y los argumentos de las partes más débiles sin prestar atención a los hechos que de verdad se han producido.

- *El efecto encuadre.* Tomamos decisiones diferentes en función de cómo se nos presente el problema, especialmente cuando tenemos que tomar una decisión cuyo resultado es incierto, es decir, cuando la situación entraña un riesgo; o sea, que la misma información presentada de forma distinta puede generar distintas conclusiones. Por ejemplo, solemos creer que es mejor si nos dicen que un tratamiento médico cura al 90% de los enfermos que si sobre el mismo tratamiento nos dijeran que muere el 10%.

- *Sesgo de aversión a la pérdida.* Por norma general, tenemos la tendencia a elegir no perder antes que ganar cuando se tiene que hacer una inversión o asumir un cierto nivel de riesgo. Bien es cierto que esto depende del perfil que adoptemos frente al riesgo: aversión, neutralidad o propensión al riesgo. Los que tienen aversión al riesgo cumplirán con lo antes expuesto, los neutrales valoran igual una pérdida que una ganancia de la misma magnitud y los propensos al riesgo valorarán más la ganancia que la pérdida.

En todo caso, suele ocurrirnos que, si por ejemplo, caminando por la calle encontramos en el suelo un billete de 20€, sentiremos un nivel de satisfacción que será inferior al negativo que experimentaremos al perder ese mismo billete.

- *Sesgo de retrospectiva*. También conocido por la expresión, tantas veces utilizada, de «lo sabía desde el principio». Se produce cuando, una vez sabemos lo que ha ocurrido, modificamos el recuerdo de la opinión que teníamos antes de que ocurrieran los hechos y «nos apuntamos» al resultado final.

- *Sesgo del «punto ciego»*. Consiste en la tendencia a considerar que los sesgos cognitivos se producen en los demás y no tienen tanta influencia sobre nosotros. Por ejemplo, si alguno de ustedes al estar leyendo lo hasta ahora expuesto piensa: «Sí, eso le pasa a mi amigo Juan...», «eso le ocurre a mi mujer»... Y así sucesivamente...

Creo que todos nosotros podremos, si somos sinceros, confirmar que hemos caído en casi todos ellos (¡por no decir en todos!). Lógicamente, no podemos considerar en cada análisis de un conflicto si estamos o no frente a uno de los muchos sesgos que han sido definidos, pero lo que sí podemos hacer es tener una actitud dubitativa frente a lo que consideramos obvio o frente a las frases hechas que enunciamos muchas veces para justificar lo injustificable. Debido a ello, «falsar» (¡una vez más!) es imprescindible para una buena gestión de conflictos.

Baltasar Gracián (1601-1658)

Gracián es una de las figuras más importantes del Siglo de Oro. Si bien no es tan reconocido como otros autores de la época, quizá por aquello de que «nadie es profeta en su tierra», fue muy valorado por ejemplo por una figura tan relevante como Schopenhauer, quien lo tradujo al alemán en 1861 y llegó a afirmar que su libro *El Criticón* era el mejor libro que se había escrito.

Nació en Belmonte de Calatayud (hoy Belmonte de Gracián) pero de su infancia y adolescencia apenas se tienen noticia. A los 18 años ingresó en la Compañía de Jesús, y en 1627 recibió la ordenación sacerdotal. Entre otras muchas funciones, ejerció por un tiempo de secretario de Felipe IV y padeció muchos problemas dentro de la Compañía de Jesús por culpa de sus escritos. Sus obras más relevantes fueron *El arte de la prudencia-Oráculo manual* (1647), *Agudeza y arte de ingenio* (1648) y *El Criticón* (publicado en tres partes en los años 1650, 1653 y 1657).

Si he considerado a Gracián es por su tratamiento de un tema tan relevante como la envidia; ¡sin duda! el gran pecado capital de los españoles, y que, de una u otra forma, hemos padecido todos. Ya lo decía Borges: «*El tema de la envidia es muy español... Para decir que algo es bueno dicen: 'Es envidiable'*». A continuación, transcribo algunos pensamientos de Gracián sobre la envidia:

> «*Triste cosa es no tener amigos,*
> *pero más triste es no tener enemigos,*
> *porque quien enemigos no tenga,*
> *señal de que no tiene*
> *ni talento que haga sombra,*
> *ni valor que le teman,*
> *ni honra que le murmuren,*
> *ni bienes que le codicien,*
> *ni cosa buena que le envidien*».

«Es la Envidia pegajosa, siempre halla de qué asir, hasta de lo imaginado. Fiera crudelísima, que con el bien ajeno hace tanto mal a su dueño propio».

«Achaques de arpía son los de la Envidia, que todo lo inficiona y, a fuer de basilisco, su mirar es matar».

«No muere de una vez el envidioso, sino tantas cuantas vive a voces de aplausos el envidiado, compitiendo la perennidad de la fama del uno con la penalidad del otro. El clarín de la fama, que toca a inmortalidad al uno, publica la muerte para el otro, sentenciándole al suspendio de tan envidiosa suspensión».

«Todos codician, con descontento de la propia, la felicidad ajena. También alaban los de hoy las cosas de ayer y los de acá las de allende. Todo lo pasado parece mejor y todo lo distante es más estimado».

No puedo estar más de acuerdo con Gracián y sus reflexiones sobre lo que es y representa la envidia. Por eso lo que puedo afirmar sin temor a equivocarme es ¡qué mala, perversa y destructiva es la envidia! ¡Y cuántos conflictos provoca!

La envidia es capaz de inventar todo lo que necesite para hacer daño y así destruir, sin más motivo que ella misma, a quien se envidia. En algunas ocasiones he vivido esta situación, tanto en los conflictos en carne propia como en otros que he tenido que analizar de personas ajenas.

Cuando pienso en los que he vivido en carne propia me doy cuenta de que no importa lo mucho o poco relevante que uno sea o lo grande o pequeño de sus posesiones; da igual, la envidia no tiene medidas. Por eso, todos tenemos la posibilidad de ser envidiados. El gran problema es que cuando esa es la causa del conflicto su resolución se torna muy difícil, pues la irracionalidad de ese estado emocional no permite conseguir que el envidioso sea consciente del daño que se produce a sí mismo y al otro sin conseguir ningún beneficio a cambio. Más o menos lo que expresa Carlo M. Cipolla en su libro *Allegro ma non troppo*, que ya he citado anteriormente.

Hace años, hablando con un amigo mío de un problema que estaba padeciendo, me señaló lo siguiente:

–Como te lo explicaría... –me dijo mientras se quedó pensando unos segundos–. Verás, si tú tienes un Ferrari, una mujer preciosa e inteligente y una casa maravillosa, lo que tienes que decir es: «El Ferrari es una réplica, mi mujer me engaña con otro y mi casa está hipotecada».

–¿Y si no es verdad? –le respondí.

–Da igual, lo único que va a dejar tranquilo al envidioso es que tú estés a la altura de su miserable existencia. Solo así encontrará consuelo y dejará de envidiarte, porque ya tiene como decirle a los demás lo desgraciado que eres comparado con él –y añadió–. Nunca te olvides de que la envidia es un homenaje que la inferioridad tributa al mérito.

¡Cuánta razón tenía!

Otra cosa que no debemos olvidar es que encontraremos la envidia de forma muy significativa en aquellos conflictos donde entra en juego el poder.

¿Cómo podemos detectarla?

Algunas de las formas que tenemos para descubrir si la envidia está dentro de un conflicto son:

1. Comentarios que expresan infravaloración de los logros o posesiones de la persona envidiada, por ejemplo:
    *   Hay personas mucho más válidas en la empresa; no sé por qué se le valora tanto.
    *   No te creas, no es tan inteligente como la gente cree; no hay más que trabajar junto a él para darse cuenta.
    *   Lo único que sabe hacer es «venderse» muy bien.

2. Comentarios sobre las ventajas «injustas» que ha tenido (el envidiado) para conseguir lo que tiene, por ejemplo:
   - Si yo tuviese un «padrino» como él, ya estaría ocupando un puesto directivo.
   - Todo lo que tiene es «fachada» y así es como ha llegado tan alto.
   - La verdad es que es muy guapa, pero inteligencia cero.
   - Esta empresa está llena de enchufados...

3. La denominada «alegría maliciosa», es decir, la alegría por el fracaso de quien se envidia.

   La aparición de muestras de alegría por el fracaso de alguien que pertenece a nuestra misma empresa o grupo es una demostración palpable de que la envidia está manejando la situación. De alguna manera es la creencia de que cuanto peor le vaya a la persona envidiada, mejor será para mí, lo que demuestra la mediocridad del envidioso; no basa el éxito en sus propios méritos sino en el fracaso de los demás.

   Por eso, el análisis pormenorizado de la situación, de la personalidad de quienes han provocado el conflicto y de los juegos de poder que se dirimen en él son claves fundamentales para poder conseguir gestionar la situación adecuadamente.

Para finalizar este apartado les relato una breve historia que contiene la esencia de la envidia.

Cuentan que una vez una serpiente comenzó a perseguir a una luciérnaga, la cual huía desesperada de la feroz depredadora sin conseguir que la serpiente desistiera de su ataque. Después de dos días de persecución, la luciérnaga, agotada, se paró frente a la serpiente y le dijo:

—¿Puedo hacerte tres preguntas?

–No acostumbro a conceder ningún deseo a quien voy a devorar, pero como ya eres mía, te lo concederé –contestó la serpiente.

–¿Soy yo un animal de tu cadena alimenticia? –le preguntó la luciérnaga.

–No, no lo eres –contestó la serpiente.

–¿Te he hecho algo malo? –preguntó la luciérnaga.

–No –volvió a contestar la serpiente.

–Entonces –dijo la luciérnaga–. ¿Por qué quieres acabar conmigo?

–¡¡¡Porque no soporto verte brillar!!!

Platón (427-347 a. C.)

Arístocles de Atenas, cuyo apodo era Platón (que en griego significa «el de las espaldas anchas»), nació en Atenas, aunque algunos historiadores opinan que quizá fue en Aegina.

Junto a su maestro Sócrates y a su discípulo Aristóteles, es considerado la figura central donde se asienta toda la tradición filosófica europea. Alfred North Whitehead llegó a afirmar que *«el pensamiento occidental no es más que una serie de comentarios a pie de página de los Diálogos de Platón»*. Esta afirmación, que algunos consideran exagerada, no anula la importancia de una obra muy innovadora, tanto por su elaboración lógica como literaria y que estableció muchos elementos del pensamiento occidental, sea por paganos o a través de la teología cristiana (San Agustín).

Su obra, ordenada cronológicamente, se materializa en:
1. Diálogos socráticos o de juventud (393-389 a. C.)
2. Diálogos de transición (388-385 a. C.)
3. Diálogos de madurez (385-371 a. C.)
4. Diálogos críticos (370-347 a. C.)

Considerar las ideas de Platón dentro del estudio de los conflictos proviene de algo que es absolutamente relevante en su gestión: la justicia. O, dicho en términos menos «metafísicos», la equidad.

No es posible cerrar un conflicto si una de las partes considera que el acuerdo final no es «justo» y, por lo tanto, que sale perjudicado. La búsqueda de la equidad es una «adicción genética» que tenemos todos los seres humanos (también los animales la poseen) y que nos impulsa a no aceptar aquello que no consideremos equitativo.

La expresión «esto no es justo» la pronunciamos desde que somos muy pequeños para indicar nuestro desacuerdo con la sentencia que se ha producido sobre nosotros y otro. Un ejemplo que hemos vivido todos es aquel que nos ocurría en el colegio cuando alguien había hecho una trastada y el profesor de turno preguntaba: «¿Quién ha sido?». Por supuesto, nadie respondía (salvo que hubiese el típico chivato de clase, al que después se le aplicaría su merecido). Ante ese silencio, el profesor decía: «Muy bien, pues como no ha sido nadie, todos castigados sin recreo». Después de la clase todos estábamos orgullosos de nuestro comportamiento al no haber delatado a un amigo, pero, sin excepción, considerábamos que aquello no era «justo», que el castigo era una injusticia; «no pueden pagar todos por uno». Aquello nos parecía claramente inequitativo.

Los matemáticos que desarrollaron la «Teoría de Juegos» ya dedujeron que la única forma de conseguir cerrar un acuerdo que nos saque del conflicto es aplicando la famosa fórmula «Yo gano, Tú ganas» (*Win-Win*).

Aunque el tema de la inequidad, y cómo soslayarlo, lo trataremos con más profundidad en la parte de este libro dedicada a la negociación, es importante asimilar antes de nada qué debemos entender por justicia/equidad y cómo aplicarlo a la gestión de conflictos; de ahí que haya decidido contar con la inestimable ayuda del gran Platón.

Platón consideraba a la justicia como «la cuarta virtud del alma» que surge de la armonía de las tres virtudes principales:

1. La sabiduría, que es el «pensar»
2. La templanza, que es el «sentir»
3. La fortaleza, que es la «voluntad» (hacer)

Y esta armonía es posible siempre que el alma que actúa sea:

1. Coherente: la armonía entre la sabiduría y la fortaleza
2. Congruente: la armonía entre la templanza y la sabiduría
3. Consecuente: la armonía entre la templanza y la fortaleza

Por lo tanto, la coherencia es la armonía entre lo que pienso y lo que hago, la congruencia es la armonía entre lo que siento y lo que pienso, y la consecuencia es la armonía entre lo que siento y lo que hago.

Por consiguiente, un acuerdo que aspira a ser «justo» debería reflejar esa armonía entre lo que pensamos, lo que sentimos y lo que hacemos.

Si lo aplicamos a la negociación/resolución de un conflicto en el mundo empresarial, el acuerdo deberá revelar la verdadera «intención» de las partes (en este caso, intención es igual a pensamiento), lo que expresa su «sentir» a través de la «voluntad» que se manifiesta en el acuerdo dentro de los límites marcados por los «principios».

El lecho de Procusto

Por último voy a recurrir a una antigua leyenda, perteneciente a la mitología griega, y no a un autor concreto.

Procusto fue un hombre cruel dueño una pequeña hospedería en Coridalo, Ática, lugar que se encontraba a medio camino entre Atenas y Eulisis. Tenía un sentido de la hospitalidad un tanto extraño: seducía a los viajeros para que pernoctasen en su residencia mientras los homenajeaba con una copiosa cena. Terminada esta, eran invitados a pasar una noche en una cama un tanto especial.

Procusto tenía una obsesión con las medidas y las normas, de tal manera que cuando el huésped se tumbaba en la cama, debía encajar a la perfección, por lo que si era demasiado alto le cortaba las piernas y al que era demasiado bajo lo estiraba (*Procusto* significa «estirador).

Un día apareció un nuevo viajero que resultó ser Teseo –que más adelante, en su heroica carrera, mató al Minotauro–. Después de saborear la cena que Procusto le preparó, Teseo hizo que este yaciera en la cama en la que hacía tumbarse a sus «huéspedes» y, para que encajara en ella a la perfección, lo decapitó. Así continuó Teseo el método de Hércules de pagar con la misma moneda.

En otras versiones (como la que consta en la biblioteca de Pseudo-Apolodoro), Procusto tenía dos camas, una pequeña y otra grande, y acostaba a los de pequeña estatura en la grande y a los de mayor estatura en la pequeña.

Como dice Nassim Nicholas Taleb en su libro de aforismos[12]: «...*los seres humanos, al afrontar los límites del conocimiento y las cosas que no observamos, lo oculto y lo desconocido, resolvemos la tensión embutiendo la vida y el*

---

12 *El lecho de Procusto: Aforismos filosóficos y prácticos.* Editorial Paidos Ibérica (2018)

mundo en ideas claras y trilladas, en categorías reduccionistas, en vocabularios específicos y en narraciones manidas que en ocasiones tienen consecuencias explosivas».

Como siempre, Taleb lo expresa con una claridad meridiana y podemos aplicarlo a lo que deberíamos tener como un fundamento del proceso de gestión de conflictos. Es de alguna forma sobre lo que he intentado reflexionar a lo largo de estas páginas: la necesidad de entender que un conflicto no es lo que «nos parece»; por eso nunca debemos olvidar que el conflicto es un mentiroso compulsivo.

Un conflicto, si queremos resolverlo, debemos no «embutirlo» en nuestras medidas, o sea, solo en lo que nosotros vemos, solo en lo que nosotros deseamos o solo en lo que nosotros sentimos. Necesitamos ser conscientes de las limitaciones que se apoderan de nosotros y «separarnos» del conflicto lo máximo posible para poder analizarlo en toda su extensión.

Los estadounidenses emplean la expresión «efecto helicóptero» para explicar que en los conflictos debemos hacer como si estuviésemos metidos en un gran atasco circulatorio; desde nuestro coche no es posible solucionarlo, ni siquiera si salimos de él y miramos la calle llena de coches. Lo mejor sería coger un helicóptero, subir lo suficientemente alto y tener una perspectiva del conjunto y así poder ver dónde se está produciendo el problema.

Por su lado, el gran William Ury emplea la expresión «salir al balcón» para explicar gráficamente lo que debemos hacer: *«Hay que tener la capacidad de distanciarse y pensar: ¿qué está pasando? Lo anterior me aporta perspectiva y también algo tan importante como la calma. 'Salir al balcón' (dicho de otra forma, 'ir a tu terraza mental') es ver desde arriba el conflicto. Esa pausa te sirve para comprar tiempo para pensar y que la ira disminuya».*

Con mucha probabilidad, todos estamos de acuerdo con estas recomendaciones, ya que son de puro sentido común. Sin embargo, he visto pocas personas que lo hagan y este es sin duda un gran consejo: tome distancia y reflexione con calma.

Donald Trump (1946-)

45º presidente de los EEUU.

Supongo que la primera pregunta que les vendrá a la cabeza es, ¿qué hace aquí Trump? La única razón por la que le nombro y le dedico un espacio es porque esta parte y este libro aluden a Kant y a Trump y, por lógica, necesito finalizar con su figura. Dicho esto, quiero dejar constancia de mi admiración y respeto por EEUU, país al que los occidentales debemos, entre otras muchas cosas importantes, la posibilidad de vivir hoy en libertad, pues sin el sacrificio de muchas de las vidas de sus ciudadanos durante la Segunda Guerra Mundial no estaríamos donde estamos, y esto muchas veces se nos olvida.

No sé si alguno de ustedes simpatiza con Trump y con sus ideas, lo cual para mí sería absolutamente respetable, por lo que no voy a entrar a valorar ni sus ideas políticas, ni cualquiera otra consideración que no sean sus opiniones en cuanto a la negociación. En este tema lo único que se me ocurre como calificativo para describir su estilo es que es zafio.

El diccionario de la RAE (Real Academia de la Lengua Española) define la palabra «zafio» de la siguiente manera:

1. *Persona grosera o tosca en sus modales, o carente de tacto en su comportamiento.*
2. *Propio de una persona zafia. Modales zafios y ordinarios.*

Y digo zafio por no ser más contundente. Advierto que yo no estoy en desacuerdo con su posición en algunas de las «negociaciones» que está planteando en su mandato. El caso de China es uno de los ejemplos. En lo que estoy en total desacuerdo es en la manera que tiene de tratar un proceso negociador; valga como ejemplo esta frase dicha por él en su libro (escrito por el periodista Tony Schwartz) *The Art of The Deal*. «*A veces, para alcanzar un acuerdo es necesario denigrar a tus competidores*».

Y a partir de ahí, ¡imagínense! Si eso es a lo que llama «el arte de acordar»...

Esta tendencia sociopática de Trump es algo con lo que he tenido que lidiar en varias ocasiones en mi vida profesional al encontrarme con personas que tenían estas mismas inclinaciones.

Martha Stout[13] afirma que una de cada 25 personas es un «sociópata». Y si seguimos la definición de la Biblioteca Nacional de Medicina de EEUU, la sociopatía se define como un «*trastorno de la personalidad antisocial por el cual una persona tiene un patrón prolongado de manipulación, explotación o desconsideración de los derechos de otros*».

No comparto, ni entiendo, ni persigo algo así. Soy un convencido de que acordar es algo que puede permitir a la Humanidad entrar en épocas mucho más productivas y sensatas. Eso sí, ¡insisto una vez más!, siempre que el respeto a la legalidad, en su más amplio sentido, esté por encima de todo.

Así que dejemos aquí a Trump con la esperanza de que ese «arte de acordar» se torne en algo menos zafio, más hu-

---

13   Martha Stout es una prestigiosa psicóloga norteamericana autora de numerosos libros y publicaciones. PHD por la Universidad de Stony Brook. Fue profesora de la Escuela de Medicina de Harvard durante 25 años. Está especializada en la recuperación de traumas psicológicos, trastornos de estrés postraumático y suicido.

mano y, sobre todo, con mayor visión de largo plazo, lo que en un político actual es pedir demasiado.

RECUERDE

- Si alguna vez se encuentra perdido y sin respuestas, acuda a los clásicos; ¡ahí está todo!

- Anne Lamott: Pájaro a Pájaro. No intente solucionar un conflicto todo de golpe, diseccione el problema paso a paso.

- K. Popper/N. N. Taleb: Utilice la «falsabilidad» como herramienta para ayudarle a buscar pruebas que refuten sus pensamientos, ideas, creencias, etc.

- R. Descartes: «Dudar es pensar». Pero para pensar es necesario existir, por lo tanto: «Pienso, luego existo». Recuerde siempre las cuatro reglas: evidencia, análisis, síntesis y comprobación.

- P.G. Zimbardo: El entorno puede ejercer una poderosa influencia en nuestras conductas. Desde una perspectiva empresarial, el clima que se «respira» en una empresa tiene una relación directa con la clase e intensidad de los conflictos que se producen, así como en su capacidad para resolverlos.

- E. Kant: Toda persona/organización deberá establecer sus propios imperativos categóricos (principios éticos, valores,...) de forma explícita y clara para que sirvan de «líneas rojas» en sus negociaciones.

- D. Kahneman: El «Yo de las experiencias» vs. el «Yo de los recuerdos»:
  - No anulemos los recuerdos positivos por un solo «chirrido» (experiencia) en nuestra relación.

- – Los sesgos cognitivos: causas que provocan alteraciones en el procesamiento de la información que un ser humano capta a través de sus sentidos.

- – Los sesgos cognitivos nos pueden influir de forma muy significativa en nuestra toma de decisiones.

- B. Gracián: La envidia, un enemigo peligroso en la gestión de conflictos. ¿Cómo detectarla?
  - – Infravaloración de los logros o posesiones
  - – Comentarios sobre las ventajas «injustas»
  - – La «alegría maliciosa» o alegría por el fracaso de quien se envidia

- Platón: Todo conflicto debe resolverse de forma equitativa (justa)
  - – Justicia: es la cuarta virtud del alma que surge de la armonía de las tres virtudes principales: sabiduría, templanza y fortaleza.
  - – Esa armonía será posible siempre que actuemos de forma coherente (sabiduría y fortaleza), congruente (templanza y sabiduría) y consecuente (templanza y fortaleza)

- El lecho de Procusto: «Los seres humanos, al afrontar los límites del conocimiento y las cosas que no observamos, lo oculto y lo desconocido, resolvemos la tensión embutiendo la vida y el mundo en ideas claras y trilladas, en categorías reduccionistas, en vocabularios específicos y en narraciones manidas que, en ocasiones, tienen consecuencias explosivas».

AFORISMOS

Según la Real Academia (RAE), un aforismo es «*una máxima o sentencia que se propone como pauta en alguna ciencia o arte*».

Sobre todo, creo que lo que nos provoca es pensar, y como decía un cartel que solía encontrarse en las factorías de IBM hace años: «*Piense, es una experiencia apasionante*». Por eso, los aforismos no deben explicarse, porque pierden su encanto, así que yo simplemente he hecho una pequeña selección y espero que les guste.

1. «*No hay señal más cierta de una mente estrecha, de estupidez y de arrogancia, que mantenerse apartado de quienes piensan diferente de nosotros*». Walter Savage Landor.

2. «*¡Juntos estamos de pie; divididos, caemos!*». Santo y seña de la Revolución Norteamericana.

3. «*Donde hay muchos deseos de aprender, por necesidad habrá muchas discusiones, mucha escritura, muchas opiniones; porque la opinión de los buenos hombres no es sino conocimiento en formación*». John Milton.

4. «*Dado que la opinión general o prevaleciente sobre cualquier asunto rara vez, o nunca, es toda la verdad, solo se tiene la oportunidad de llegar al resto de la verdad mediante el choque de opiniones adversas*». John Stuart Mill.

5. «*Algunas de esas terribles acciones (por parte del Comité de Dirección de Chrysler) se habrían detenido si tan solo un hombre audaz hubiera preguntado: ¿Por qué estamos haciendo esto?*

¿*Verdaderamente tiene sentido?*». Lee Iacocca, expresidente de Chrysler.

6. «*Para ser persuasivos debemos ser creíbles; para ser creíbles debemos ser confiables; para ser confiables debemos ser honestos*». Edward Murrow.

7. «*La diferencia de opinión lleva a la investigación, y esta, a la verdad*». Thomas Jefferson.

8. «*La mejor manera jamás ideada para buscar la verdad es presentar los pros y los contras de puntos de vista diferentes e informados, e investigar profundamente los hechos*». Harold S. Geneen, ex-CEO de ITT.

9. «*Considero una prueba de gran prudencia que un hombre se abstenga de las amenazas y las palabras insultantes hacia cualquiera, pues ninguna de las dos cosas disminuye la fuerza del enemigo; antes bien, las primeras lo hacen más precavido y las segundas aumentan su odio y lo hacen perseverar más en sus esfuerzos por hacer daño*». Nicolás Maquiavelo.

10. «*Estaba enojado con mi amigo; se lo dije y mi enojo se esfumó. Estaba molesto con mi enemigo; callé y mi enojo creció*». William Blake.

11. «*Nunca dejo que se ponga el sol sin resolver un desacuerdo con alguien que me interese mucho*». Thomas Watson.

12. «*No es el graznido del pato salvaje, sino su vuelo, lo que atrae a la bandada y lo hace seguirlo*». Proverbio chino.

13. «*Uno nunca conquista a la montaña. Solo se conquista a sí mismo*». John Whitaker.

14. «*Durante mucho tiempo me había parecido que la vida estaba a punto de comenzar: la vida real. Pero siempre había algún obstáculo, algo previo*

que tenía que superar, un asunto sin resolver, parte de una condena todavía por cumplir, una deuda que pagar. Después, la vida comenzaría. Hasta que, ¡al fin!, descubrí que aquellos obstáculos eran mi vida». Dinesh D'souza.

15. *«El conflicto es el irritante del pensamiento. Nos impulsa a observar y recordar. Nos insta a inventar. Nos saca por la fuerza de la pasividad de las ovejas y nos pone a tomar notas y pensar... El conflicto es un sine qua non de la reflexión y del ingenio».* John Deney.

Por último, con el fin de hacerles sonreír y solo persiguiendo un objetivo pedagógico, déjenme que les haga una pregunta: ¿En que se parece un conflicto al sexo? Ahí van tres razones:

1. En que es permanente en nuestras vidas
2. En que debería de gozarse (en base al respeto mutuo)
3. En que no debería de evitarse, sino todo lo contrario

SEGUNDA PARTE

NEGOCIACIÓN

¿NEGOCIAMOS? SÍ, GRACIAS

Si hemos aceptado que el conflicto es algo consustancial a nuestras vidas, tendremos que aceptar que negociar (siempre que sea posible y aceptable) es la «fórmula magistral» que nos proporciona su mejor solución y, por lo tanto, la que nos lleva a conseguir que esas situaciones nos aporten valor, y en definitiva beneficios (dicho esto no solo en términos económicos sino en el sentido amplio de la palabra).

Sin embargo, no es fácil encontrar grandes negociadores o personas realmente preparadas para afrontar un proceso tan complejo y a la vez tan lleno de sentido común. Lo normal es encontrarnos con «astutos maniobreros», «regateadores» o «tacticeros» (un término con el que pretendo denominar a aquellos que utilizan tácticas como elemento básico del proceso con fines «torticeros», es decir, injustos). Esto se debe muy probablemente a la poca formación que solemos recibir en este campo a lo largo de nuestras vidas y que nos conduce a ser autodidactas, lo que siempre encierra un gran peligro.

Si a todo ello añadimos la falta de visión estratégica que sobre la negociación tienen muchos de aquellos que se dedican a enseñarla, el «cóctel molotov» está en manos de demasiada gente.

Por eso es muy importante volver a recordar que la negociación no es solo una técnica, sino que es sobre todo una manera de pensar y de actuar en nuestras vidas para construir las mejores y más productivas relaciones, por lo que es una herramienta extraordinariamente válida para mejorar la convivencia.

Dicho de otra forma, necesitamos relanzar un espíritu humanista que nos permita retomar los valores de la concordia, el respeto, la integración y la tolerancia para recuperar el derecho del ser humano a realizarse en el mundo y la confianza en la capacidad de su inteligencia. En definitiva, provocar un nuevo ideal de convivencia que haga frente a la crisis de la modernidad.

En mi opinión, la pérdida de nuestra capacidad de generar una convivencia basada en la concordia es una de las principales razones de las dificultades que estamos viviendo y que impide una visión más profunda y a largo plazo de las palancas que debemos aplicar. Hoy existe un cierto mesianismo laico que pretende imponer una doctrina restrictiva y fanática que va en contra de lo que los seres humanos podemos conseguir si somos capaces de establecer una nueva dinámica en nuestras relaciones, donde lo diferente sea una fuente de energía y saber, y no un campo de batalla para imponer lo que unos pocos desean en su propio beneficio.

La pérdida de la capacidad de análisis, provocada entre otras cosas por la negativa a escuchar lo diferente, es el hilo conductor de los populismos, los fanatismos y todos los «ismos» negativos que están ahogando a nuestras sociedades occidentales. Por eso acordar debe convertirse en un imperativo categórico que guíe nuestra conducta; eso sí, sin olvidar que existen límites que no debemos sobrepasar, siendo el respeto a la ley un límite inquebrantable.

De todo ello deriva la necesidad, no solo de decidir negociar, sino de saber negociar, pues, como en otras muchas especialidades, la ignorancia sobre cómo afrontar el proceso y cuáles son las herramientas más útiles impiden el fin que se persigue.

ALGUNAS HERRAMIENTAS IMPRESCINDIBLES

Tal y como he indicado anteriormente, muchas son las especialidades que aportan conocimientos imprescindibles para ser un buen negociador; campos como la psicología, la filosofía, la ética, la comunicación, las matemáticas, etc. son herramientas que necesariamente deben estar presentes en el estudio de esta materia. Sin embargo, es imposible poder cubrir todos ellos en este libro, por lo que solo presentaré algunas de las herramientas que son de obligada utilización y que deben de ser muy tenidas en cuenta si queremos conducir nuestros procesos de negociación al mejor lugar. Dichas herramientas son:

1. Preguntar y escuchar
2. Conocer las «adicciones» del ser humano
3. La Teoría de Juegos

1. PREGUNTAR Y ESCUCHAR

Si algo he comprobado a lo largo de mi vida es la incapacidad que tenemos para escuchar a los demás (me incluyo); por eso muchas veces me he preguntado por qué no somos capaces de hacer bien algo tan útil.

Una pregunta que lanzo siempre a los asistentes a mis cursos es si consideran que escuchar es importante; la respuesta es unánime: «sí, escuchar es muy importante». Entonces, ¿cuál es la razón que impide que lo hagamos?

La mejor respuesta la encontré en primer lugar en algo que ha sido demostrado por diversos estudios científicos: el ser humano es mono-tarea, es decir, nuestro cerebro puede hacer varias cosas a la vez si se trata de rutinas que más o menos podemos automatizar; por ejemplo, cuando nos subimos a nuestro coche y realizamos simultáneamente tareas como mirar por el retrovisor, cambiar de marcha, acelerar, frenar... El problema surge cuando lo que tenemos que reflexionar es algo a lo que llamaremos «pensamiento complejo», o sea, tareas que necesitan de una reflexión pausada; dicho de otra forma, que no son de respuesta inmediata.

Imaginen la siguiente situación: están sentados en su oficina trabajando en un documento en su ordenador, documento que requiere concentración y un buen grado de reflexión. En ese momento un compañero pasa a nuestro lado y nos hace una pregunta cuya respuesta necesita «ser pensada»... Todos, insisto, ¡todos!, deberíamos dejar de hacer lo que estamos haciendo para poder contestar a esa pregunta; es imposible que podamos hacer dos cosas a la vez que requieran lo que hemos denominado «pensamiento complejo».

Incluso, si volvemos al caso de la conducción, podrán recordar a alguna persona que para aparcar..., ¡apaga la radio! Esto sucederá en aquellas personas cuya habilidad para aparcar es «débil»; es decir, no son capaces de hacer dos cosas que para ellas son «complejas» (aparcar y escuchar la radio) a la vez.

Hace tiempo le oí contar a Catherine L´Ecuyer[14] (una de las mayores expertas en educación en España) que una tarde, sentada en el cuarto de estar de su casa y mientras miraba unos *emails* en su iPad, entró su hija (creo que tenía siete

---

14   Pedagoga de origen canadiense. Autora de varios libros sobre educación. Su libro *Educar en el asombro* ha sido publicado en ocho idiomas y 60 países.

años). La niña comenzó a explicarle algo que tenía que ver con una actividad que había desarrollado en su colegio. Catherine seguía mirando sus *emails* mientras la «escuchaba», hasta que su hija le dijo:

—Mamá, ¿me estás escuchando?

—Sí, mi corazón, te escucho…

Pero, como nos pasa a todos, Catherine siguió mirando su *tablet*, así que la pequeña, mientras avanzaba en su relato, se lo preguntó un par de veces más obteniendo la misma respuesta, pero en un momento determinado le dijo:

—Mamá, ¿me estás escuchando?

—Qué sí, que te estoy escuchando.

—¡No! —respondió su hija—. Lo que quiero es que me escuches con los ojos.

Lo que demuestra que hasta un niño es capaz de intuir que no se pueden hacer dos tareas complejas a la vez: o me escuchas o lees tus *emails*, pero las dos cosas simultáneamente es imposible, por lo que si me miras sabré que me estás escuchando, pues habrás dejado de hacer la otra tarea.

¿Podemos aplicar esto a la negociación? Desde luego. Es más, creo que esta es la base desde donde podemos comenzar a construir un buen proceso o, por el contrario, entrar en una escalada de tensión que nos lleve a la ruptura.

De todas formas, es necesario tener en cuenta otro aspecto del funcionamiento de nuestro cerebro que, conjugado con el anterior, nos permita encontrar una posible solución para incrementar exponencialmente nuestra capacidad de escucha.

Pongamos un ejemplo. Imaginemos que estamos negociando con alguien y nos dice lo siguiente:

—Verás, nosotros no podemos aceptar lo que nos proponéis porque eso supondría consentir una situación muy injusta, ya que valoraríais nuestra aportación muy por debajo de la vuestra y eso no puede ser así. Hemos creado una tecnología que ha requerido una enorme inversión y que es básica para el proyecto que se plantea y vuestra aportación es una cartera de clientes que, si bien es importante, no lo es más que nuestra tecnología. Eso puedo demostrártelo y necesito...

La frase podría continuar, pero no es necesario, ya que ante esas afirmaciones nuestra reacción no sería escuchar con tranquilidad los argumentos del otro sino comenzar a pensar cómo «desmantelamos» rápidamente esos argumentos; eso sí, sin terminar de escucharlos, sin haberlos entendido y, muy probablemente, con cierta reacción visceral que nos llevará a interrumpir e introducir una perorata que provocará la misma reacción en la otra parte. Y así sucesivamente. Lo que habitualmente se llama «un diálogo de sordos».

¿Por qué reaccionamos así? La respuesta la podemos encontrar en lo que se denomina «secuestro amigdalino» o *«amygdala hijack»* (término que propuso Daniel Goleman). Lo primero que debemos tener en cuenta es que el ser humano está genéticamente programado para la supervivencia y en el momento en el que esta se pone en cuestión se produce una reacción que hace que nuestras amígdalas cerebrales eviten la puesta en marcha de determinadas áreas cerebrales.

Antes de continuar, es importante que tengamos en cuenta que no es lo mismo hablar de «supervivencia» hace miles de años, donde éramos atacados por depredadores, a lo que entendemos por «supervivencia» en el campo de la negociación. Sin embargo, nuestra reacción no varía, pues al sentirnos «atacados» (pone en cuestión nuestra «supervivencia» en la negociación) la reacción será la primaria.

La amígdala (llamada así por su forma de almendra; del latín *«amygdâla»* y del griego *«amigdâle»*) es una estructura subcortical situada en el cerebro, concretamente en el lóbulo temporal medial. Junto con el hipocampo, el hipotálamo y la corteza orbitofrontal, forman parte de lo que conocemos como sistéma límbico o cerebro emocional.

El sistema límbico es esencial para el control de la conducta del ser humano, ya que puede secuestrarnos emocionalmente, debido a que la amígdala no solo produce una reacción emocional, sino que, dada su vinculación con el lóbulo frontal, permite la inhibición de conductas. Es decir, si nuestras amígdalas cerebrales se activan, se desactivan otras áreas cerebrales, sobre todo el córtex, lo que significa que no tenemos disponible el área que nos hace más racionales; así, el pensamiento lógico queda supeditado a nuestras emociones.

Dicho de una forma mucho más «de andar por casa», nuestra reacción ante un «ataque» a lo que nosotros queremos o proponemos derivará a su vez en una reacción emocional que nos impedirá tratar racionalmente la situación y que provocará que nuestro único objetivo sea defendernos. Para ello, lo que nos pedirá nuestro cerebro será «tirarnos encima» del otro con todo tipo de argumentos en contra de lo que intuimos que nos intenta quitar, incluso utilizando para ello amenazas, gritos, exageraciones, etc.

Si recapitulamos, podremos concluir que nos enfrentamos a un doble problema: por una parte, a la limitación que nuestro cerebro tiene al ser mono-tarea (no somos capaces de ejecutar dos tareas complejas de forma simultánea) y, por otra, a las reacciones emocionales que derivan de lo que consideramos un «ataque» a nuestra supervivencia en el proceso (lo que expresa el otro nos da a entender que no va a darnos lo que necesitamos o deseamos).

Bien sea por una de esas razones, bien por la combinación de ambas (lo más habitual), estaremos en condiciones pésimas de escuchar adecuadamente y comportarnos de una forma válida para conseguir toda la información necesaria, que es la forma inteligente de poder juzgar lo que nos proponen y dar la respuesta más favorable a nuestros intereses.

¿Qué debemos hacer? En primer lugar, debemos conseguir que nuestro cerebro se concentre, ¡sin distracciones!, en aquello que nos están diciendo. Insisto en que, frente a una negativa sobre lo que pretendemos conseguir, o la aparición de objeciones a cualquier pretensión nuestra, la reacción de nuestro cerebro es inmediata (pensar los «contra argumentos») y, al no ser capaces de hacer dos tareas complejas a la vez, no podremos seguir escuchando y al mismo tiempo pensar los argumentos en contra de lo que «creemos» que nos están diciendo, sin olvidar las reacciones emocionales que esto provoca.

O sea, que nuestro cerebro no reflexione, no interprete; simplemente escuche y tome nota. Es muy importante entender que nuestra respuesta debe ser posterior a lo que nos transmiten y una vez que la otra parte finalice lo que desea decirnos y nosotros lo hayamos entendido correctamente. Dicho de otra forma: primero comprenda y luego juzgue, no al revés. Sin ninguna duda, este es el gran error que comentemos, ya que prejuzgamos (repase los sesgos mentales que nos descubre Daniel Kahneman) lo que nos dicen sin dar oportunidad de entenderlo correctamente.

Muy bien, pensarán ustedes, y ¿cómo lo hago? La recomendación que suelo hacer, sencilla y eficaz pero que necesita de entrenamiento, es: repita mentalmente lo que el otro le está diciendo. De esta forma, nuestro cerebro no podrá realizar otra tarea más que esa; no puedo estar repitiendo mentalmente algo y al mismo tiempo pensar la respuesta. Aunque no lo crean, eso les está pasando ahora mientras leen este texto: ustedes están repitiendo mentalmente lo que les digo y, si lo hacen bien, no podrán pensar en una respuesta sino que estarán concentrados en entender lo que les propongo. Si mientras leen juzgan el texto, acabarán teniendo que volver a leerlo para entenderlo correctamente o, si no lo hacen, con mucha probabilidad habrán malentendido lo que quiero decir.

En segundo lugar, papel y lápiz. Necesitamos tomar nota de aquello que es lo más importante y que requiere de mayor explicación. Esto nos permitirá poder comprobar si hemos entendido exactamente lo que quieren decirnos.

Pongamos otro ejemplo. Imaginen que están en una negociación y la otra parte nos dice algo como esto:

—La verdad es que lo que me propones me produce una sensación de riesgo importante ya que no me garantiza mantener mi *stock* y, como bien sabes, una rotura de *stock* puede ser un gravísimo problema para mi empresa. Además, este problema me preocupa especialmente en determinadas ciudades...

¿Saben cuál sería la reacción más habitual? La experiencia me dice que comenzaríamos a dar argumentos en contra y que lo haríamos sin entender correctamente lo que nos han transmitido.

¿Qué es para la otra parte «sensación de riesgo»? ¿Por qué se produciría la rotura de *stock*? ¿En qué ciudades puede producirse?

No se anticipe; intente comprender todo aquello que el otro le transmite antes de dar una respuesta. Además, esto evitará una reacción emocional de la que siempre nos arrepentiremos. No debe olvidarse que, en general, lo que yo entiendo en primera instancia y lo que el otro quiere decirme no suelen coincidir. Simplemente recuerden algunas discusiones con sus parejas, familiares o amigos y me darán la razón.

En definitiva, sobre lo que intento convencerles es de la importancia que tiene comprender todos los detalles y no «prejuzgar», y eso se consigue preguntando tantas veces como sea necesario para tener una dimensión exacta de lo que la otra parte necesita o desea.

Así que nos enfrentamos al siguiente problema. ¿sabemos preguntar? La respuesta es muy clara: ¡no! Por norma general no somos «preguntadores naturales»; somos «respondedores artificiales». Es decir, que respondemos basándonos en lo que interpretamos que quiere la otra parte y no sobre lo que, ¡de verdad!, quiere o desea. A todo ello, por favor, se le añade la falta de técnica que solemos tener para preguntar y el explosivo está preparado para detonar.

Continuemos con el ejemplo anterior. Probablemente, la respuesta más habitual sería la siguiente:

–No te preocupes, nosotros tenemos mucha experiencia y te garantizo que esos problemas no los tendrás.

¿Garantizar qué? Si no sabes lo que la otra parte está pensando. Lo único que has hecho es minusvalorar sus preocupaciones e insultar a su inteligencia y preparación.

La única solución válida es preguntar, preguntar y preguntar hasta que entendamos perfectamente qué, cómo, cuándo, porqué, para qué, dónde, quién...

El problema radica (además del que tenemos con nuestra soberbia) en la incapacidad para preguntar adecuadamente, así que intentaré dar algunas recomendaciones que pueden ayudarnos en este tema:

1. Utilice, lo menos posible, frases que comiencen con «¿Por qué...?»

«¿Por qué piensas eso?» «¿Por qué no me crees?» «¿Por qué dudas de nosotros?» «¿Por qué no me dejas demostrártelo?», etc.

Volvamos una vez más al ejemplo anterior. Imaginemos que, ante la inquietud que la otra parte expresa sobre el riesgo que puede correr si acepta nuestra propuesta, nosotros contestamos...

–¿Por qué tienes esa sensación de riesgo? –Lo único que nos falta es añadir: ¡Ignorante!

Hacer preceder nuestra pregunta de un «¿Por qué…?» puede resultar muy agresivo por lo que, como he dicho, es recomendable evitarlo siempre que se pueda.

2. El «qué» y el «cómo», dos bálsamos muy eficaces.

Si en vez del «¿Por qué…?» utilizamos «Qué» y «Cómo» podremos comprobar, no solo que la información será mayor, sino que evitamos cualquier sentimiento negativo ante nuestra pregunta.

Utilicemos el ejemplo anterior y construyamos una respuesta utilizando lo que propongo:

–¿Qué te preocupa acerca de los riesgos que puedes correr?

–¿Cómo te gustaría que procediésemos para evitar esa sensación de riesgo que te preocupa?

No cabe duda de que la respuesta que obtendríamos sería mucho mejor, ya que demostraríamos que hemos entendido lo que nos han transmitido y, en segundo lugar, no despreciaríamos lo que se nos plantea (por muy alejado que esté de nuestros pensamientos). Lo importante no es lo que yo sienta o piense; lo fundamental es entender lo que la otra parte piensa o siente.

Sin embargo, ante esta pregunta puede existir una doble respuesta. La primera, y la más sencilla, es que la otra parte la acepte y nos vaya ampliando la información, lo que nos permitirá entender qué necesita. La segunda es que nos conteste algo parecido a esto…

–Para eso estáis vosotros. Que yo sepa esa es vuestra especialidad… Eres tú quien debe decírmelo.

Por regla general, ante esta situación lo que damos por sentado es que tenemos el permiso de la otra parte para indicar la solución; no obstante, seguimos sin saber a ciencia cierta qué es lo que realmente le preocupa. Por ello, no podemos ceder ante la tentación y debemos seguir preguntando y utilizando el «qué» o el «cómo».

–Comprendo que para ti esta cuestión es importante. Sin embargo, necesito saber con exactitud qué es lo que te preocupa para intentar resolverlo y así conseguir un acuerdo satisfactorio para ambas partes.

Esta contestación contiene tres partes importantes a tener en cuenta:

1. La consideración de entender y comprender a la otra parte: «Comprendo que para ti esa cuestión es importante...».

2. A partir de esa consideración, decir aquello que tú necesitas; en este caso, una mayor información para poder proporcionar una respuesta adecuada: «...Sin embargo, necesito saber con exactitud qué es lo que te preocupa...» (Nótese que utilizo el «sin embargo» y no «pero»).

3. El objetivo final que se persigue: «...para intentar resolverlo y así conseguir un acuerdo satisfactorio para ambas partes».

Esta fórmula me ayudará a continuar por el mejor camino posible, y este no es otro que el conseguir respuestas concretas que me permitan entender correctamente todo aquello que es imprescindible para poder comprender y valorar las necesidades y deseos de la otra parte.

3. Evite comenzar la pregunta con: «Quién», «Cuándo», «Dónde»…

Esto es así debido a que, si usamos esas palabras, la información que obtendremos será escasa, y no podemos olvidar que necesitamos la mayor información posible:

- ¿Quién? Tú, ellos, nosotros, etc.
- ¿Cuándo? Mañana, el mes que viene, etc.
- ¿Dónde? En Madrid, en vuestras instalaciones, etc.

Por lógica, a veces es necesario hacer este tipo de preguntas para obtener una respuesta lo más exacta posible. Si regresamos al ejemplo, cuando se nos ha dicho: «… y esto me preocupa especialmente en determinadas ciudades», no tendremos más remedio que preguntar cuáles son esas ciudades.

Por último, no olviden que todo esto se hace con el fin de indagar hasta conseguir la mejor información, por lo que el proceso descrito con muchísima probabilidad deberemos repetirlo varias veces. La pregunta entonces es cuándo sabremos que ha concluido.

Una vez más, regresemos a nuestro ejemplo inicial. Después de haber realizado las preguntas pertinentes y utilizado estas sencillas recomendaciones llegará un momento en el que consideraremos que hemos comprendido adecuadamente el interés que tiene la otra parte. Es ahí donde debemos exponerle lo que hemos entendido:

—Muy bien, creo que ahora entiendo lo que necesitas, así que por favor déjame que te lo exponga y me dices si estoy en lo correcto o hay algo que me falta. Lo que necesitas es que nosotros te demos una información constante sobre la entrega de nuestros pedidos a través de alguna aplicación a la que puedas tener acceso desde tus dispositivos móviles. Esta aplicación además debe permitirte comprobar el nivel de *stock*, de forma permanente, en vuestros almacenes de Madrid, Sevilla y Oviedo...

–Solo necesitaría una cosa más, y es que pueda lanzar una orden de pedido urgente si lo considero necesario.

–Ok. Añado entonces esa posibilidad. ¿Eso es lo que necesitas?

–Sí, eso es exactamente lo que necesito.

En definitiva, es fundamental que la otra parte finalice con frases como: «Sí, eso es así...», «Exactamente eso es lo que quiero...», etc. De esta manera tendremos el mayor nivel de certeza posible sobre sus pretensiones y, a partir de ahí, podremos seguir nuestra negociación.

Pueden imaginarse que se puede escribir un extenso tratado sobre el arte de preguntar y escuchar (ya existen), pero si al menos tuviésemos muy en cuenta lo que aquí he pretendido exponerles les aseguro que el avance que se produciría sería exponencial.

En todo caso, no quiero finalizar este apartado sin dejarles algunas consideraciones adicionales sobre la enorme importancia que este asunto tiene.

1. Preguntar y escuchar permite dialogar. Eso nos proporciona saber qué piensa, necesita o desea la persona que negocia con nosotros; cuáles son sus miedos, qué está malinterpretando, qué estamos interpretando mal nosotros, dónde falta información, qué información no hemos proporcionado correctamente, qué tipo de comunicación debo utilizar...

2. El diálogo consigue sustituir los «gritos» por el sosiego.

3. Sin un buen diálogo no podremos interpretar adecuadamente lo que la otra parte necesita o desea, y sin su exacta comprensión la negociación estará viciada en origen.

4. Dialogar nos muestra no solo lo que el otro piensa, sino la posibilidad de encontrar la interconexión de las diferentes partes de un problema, lo que es básico para ir visualizando la solución.

5. Pero, sobre todo, ante todo y por encima de todo, demuestra respeto hacia el otro y, como podremos comprobar en el siguiente apartado, eso es vital en el proceso.

Como decía Steve Jobs: «*Es más fácil juzgar el talento de una persona por sus preguntas que por sus respuestas*».

RECUERDE:

- El ser humano es mono-tarea, lo que le impide realizar dos tareas «complejas» al mismo tiempo.

- Al estar «programados» para la supervivencia nuestro cerebro reacciona ante cualquier «ataque» y se produce el «secuestro amigdalino», que inhibe la conducta y nos secuestra emocionalmente.

- No interprete, simplemente escuche y tome nota.

- Repita mentalmente lo que la otra parte le dice.

- Anote todo aquello que es importante y necesita mayor explicación.

- No prejuzgue.

- Utilice para preguntar «Qué» y «Cómo», dos bálsamos muy eficaces.

- Preguntar y escuchar permiten dialogar, fundamento de la comunicación.

2. CONOCER LAS «ADICCIONES» DEL SER HUMANO

Según el diccionario de la Real Academia de la Lengua, una de las acepciones de la palabra «adicción» es «afición extrema a alguien o a algo».

Siguiendo esta definición, podemos afirmar que tenemos algunas adicciones que, según varios autores, son genéticas; es decir, que las traemos «de serie». Personalmente no tengo capacidad para poder afirmar si son o no genéticas, pero todas las observaciones que he podido hacer a lo largo de los años me demuestran que nunca han dejado de aparecer en las personas observadas.

El reconocimiento

La primera de estas adicciones tiene que ver con un experimento llevado a cabo por los nazis durante la Segunda Guerra Mundial en sus campos de exterminio. Según las crónicas, se seleccionó a un grupo de bebés de origen judío y fueron entregados a unas enfermeras para su cuidado. Para ello, se dividió al grupo de bebés en dos y se pidió a sus cuidadoras lo siguiente: el primer grupo debían alimentarlo correctamente y mantenerlo con la higiene adecuada y en las condiciones de temperatura correctas, pero se les prohibió tocar a los bebés salvo para lo estrictamente necesario; no podían darles besos, ni hacerles ningún tipo de caricia. El segundo grupo debía recibir los mismos cuidados, pero estos sí podían ser besados y acariciados sin límite.

El resultado del experimento demostró que varios meses después muchos de los bebés que no habían recibido besos y caricias habían fallecido como consecuencia de esta carencia. Un hecho comprobado en varias investigaciones científicas es que un neonato que tiene ausencia de caricias, no solo tendrá problemas de desarrollo, sino que eso puede provocarle la muerte, tal y como el experimento puso de manifiesto, incluso aunque se garanticen la alimentación y la higiene adecuadas.

Años después, Claude Steiner, un psicoterapeuta de origen francés (discípulo de Eric Berne) y uno de los grandes divulgadores del Análisis Transaccional, desarrolló la denominada «Teoría de las caricias». En ella expone como esas «unidades de contacto», ya sean verbales, táctiles, escritas o gestuales que conocemos como «caricias» y que pueden definirse como «cualquier acto que implique el reconocimiento de la presencia del otro», significan algo fundamental para «sobrevivir».

En definitiva, necesitamos que nos «quieran». Por eso buscamos que los demás nos reconozcan como importantes para ellos; estamos «atrapados» por el reconocimiento, somos «adictos» al reconocimiento.

¿Tiene esto aplicación a la negociación? Sin ninguna duda, porque reconocer al otro es en este caso respetarle, y ese respeto debe nacer de una consideración fundamental: dependemos del otro para conseguir lo que queremos. Si no somos conscientes de que este reconocimiento es básico para un proceso negociador es que no entendemos lo que es la negociación, pues como ya he indicado varias veces, negociar no es vencer al otro; negociar es ganar con el otro y eso significa respetar aquello que la otra parte necesita o desea para intentar que ambos consigamos lo que buscamos.

Recuerden ahora el punto anterior y reflexionen un segundo sobre la incidencia que esto tiene en el reconocimiento. Estoy convencido de que convendrán conmigo en que una fórmula infalible para demostrar ese reconocimiento/respeto radica en «preguntar y escuchar». Si alguien me pregunta y me escucha, ¡de verdad!, mi sensación será que me respeta y me necesita. O sea, que soy importante para él.

Por el contrario, si no preguntamos ni escuchamos, lo que transmitiremos será: «me importa muy poco lo que pienses, sientas o valores; lo único que busco es vencerte y conseguir lo que yo quiero».

Quizá, el problema reside en la sensación que tenemos de que el reconocimiento nos pone en situación de desventaja, algo así como que si lo demostramos estamos cediendo y acabaremos «perdiendo la partida» y esto a todas luces es un gran error, pues respetar lo que el otro quiere no significa que deba dárselo; significa que estoy intentando buscar la manera de conseguir que sea posible, sabiendo que en ocasiones no lo será. Sin embargo, la gran ventaja de ese respeto (reconocimiento) radica en que las negociaciones no son, como dicen los americanos, un *«one shot»*, sino que esa capacidad de respeto nos permitirá volver a negociar en el futuro, aunque no hayamos sido capaces de acordar en otras ocasiones.

De cualquier manera, no les pido que me crean; solo animo a probarlo y comprobar sus beneficiosas consecuencias.

La equidad

Hace años, estudiando Teoría de Juegos, me topé con un ejercicio de extraordinario valor para demostrar esta «adicción»; su nombre es «El Ultimátum».

Consiste en lo siguiente. En el «juego» participan dos jugadores (A y B). A uno de los ellos (A) se le entregan 100€ como regalo, pero se le advierte que para poder quedárselos debe compartir una parte con el otro jugador (B), lo que él considere oportuno. Ambos jugadores deben seguir las siguientes instrucciones:

1. El jugador «A» no puede negociar, ni dar explicaciones al jugador «B»; solo puede indicar la cifra que le entregará (1€, 10€, 20€...).
2. El «jugador B» solo tiene que aceptar o no la propuesta; no puede negociar ni pedir explicaciones.
3. Si el jugador «B» acepta la propuesta del jugador «A» se realizará el reparto tal y como «A» ha propuesto. Supongamos que «A» ofrece 10€; entonces «A» se quedará con 90€ y «B» con 10€.
4. Si «B» no acepta la propuesta, «A» deberá devolver los 100€ y quedarse sin nada.

Antes de continuar les pido por favor, que piensen que ustedes son el «jugador A»; es decir, el jugador a quien se le han entregado 100€ y debe decidir qué cantidad le entregaría al jugador «B». Les ruego que no sigan leyendo hasta tomar una decisión.

Como pueden imaginar, las posibilidades de resolución son variadas y dependen mucho de la reflexión que se haga sobre cómo ganar el máximo posible. Según la experiencia personal que tengo al haber realizado este ejercicio durante años con muchos de los asistentes a mis cursos, el rango que «A» suele ofrecer a «B» oscila entre los 10€ y los 50€. ¿Cuál decidió usted? Mi estadística demuestra lo siguiente (en porcentajes aproximados):

1. Un 30% ofrece 50€
2. Un 20% ofrece entre 20 y 30€
3. Un 50% ofrece menos de 20€

Sin embargo, lo más relevante es observar cuáles fueron las respuestas del «jugador B» en cada situación. Como podrán suponer, en el caso 1 la aceptación de la oferta será unánime; no obstante, en los casos 2 y 3 la aceptación es del

30%, lo que significa que el ¡70%! de los «jugadores A» se quedaron sin nada.

Si analizamos cuál es la razón que impulsa al jugador «B» a rechazar las propuestas veremos que existe una razón básica. Vayamos por partes:

1. ¿Por qué el «jugador B» se niega a obtener entre 20 y 30€? Cuando el jugador «A» realiza la oferta dentro de ese rango y esta es rechazada por «B», la reacción de «A» suele concretarse con un «no lo entiendo». Su razonamiento es el siguiente: si el jugador «B» no tiene nada y le ofrezco entre 20 y 30€, es absurdo que los rechace. No parece lógico que elija «no tener nada» en vez de tener «algo».

2. ¿Por qué el «jugador B» se niega a obtener menos de 20€? El jugador «A» hace las mismas consideraciones que en el supuesto anterior.

Lo que el jugador A es incapaz de entender es que «B» se queda en la misma situación que estaba al inicio del juego si rechaza la propuesta; ni gana ni pierde. Sin embargo, «A» ha perdido la oportunidad de obtener un beneficio debido a su «egoísmo». No es capaz de darse cuenta de que el «poder» lo tiene el otro; si quiero ganar tengo que aceptar que el otro debe ganar.

Ante este último razonamiento, los jugadores «A» suelen mantener la opinión del inicio; según ellos, al ofrecer por ejemplo 20€, el otro está «ganando». Insisten en que se cumple la premisa de «yo gano y tú ganas», lo que demuestra que no son capaces de entender el verdadero motivo del rechazo, que se concreta en la falta de equidad percibida o, como suelen decir los jugadores «B» a los que se les pregunta, «es un reparto injusto».

Este ejercicio se ha realizado en diferentes culturas y realidades económicas, incluso en algunas donde una cantidad como 20€ es mucho más significativa que lo que puede ser en un país rico. Lo interesante es que los resultados indican que se sigue el mismo patrón: la mayoría rechaza un reparto que se considera injusto. Por todo ello podemos afirmar que la norma de comportamiento indica que somos «adictos» a la equidad.

La estrategia A-5

De todas formas, déjenme que les exponga un ejercicio que también he realizado en numerosas ocasiones y que diseñé personalmente basándome en «El Ultimátum». Esta versión intenta ampliar algunas de las conclusiones ya vistas.

Esta versión de «El Ultimátum» se realiza con cinco jugadores «A» y cinco jugadores «B».

A cada jugador «A» se le entrega un billete de 50€ y se le obliga a entregar una cantidad predeterminada al jugador «B» que le haya sido asignado, tal y como muestra el gráfico:

El resultado de los cuatro primeros sigue la pauta de lo ya comentado:

- «B-1», «B-3» y «B-4» rechazan la oferta en el 70% de los casos
- «B-5» acepta en el 100% de los casos

Lo interesante de esta modalidad es que, como habrán observado, el jugador «B-5» ofrece 26€, es decir, un euro más de lo que sería la mitad de los 50€ que ha recibido. Es interesante comprobar como, por norma general, los jugadores «B» que reciben esta oferta tienen una reacción inicial de extrañeza, lo que implica que no responden inmediatamente debido a que sospechan que esa «generosidad» tiene trampa. Sin embargo, tras unos segundos de duda, la oferta es aceptada en el 100% de los casos.

Una vez finalizada esta primera ronda y habiendo hecho públicas las ofertas que todos los jugadores «A» han realizado, se ejecuta una segunda en donde a los jugadores «B» se les da libertad para elegir con qué jugador «A» quieren jugar. ¿Adivinan a quién eligen todos ellos? Por lógica, al jugador «A-5».

Beneficios

	Ronda 1	Ronda 2	Total
Jugador "A-1"	0€	0€	0€
Jugador "A-2"	25€	0€	25€
Jugador "A-3"	0€	0€	0€
Jugador "A-4"	0€	0€	0€
Jugador "A-5"	24€	120€	144€

La lección que podemos extraer de esta versión del juego de «El Ultimátum» es que la persona que ha ofertado con una pequeña mejora sobre lo que la estricta equidad exigiría es el que más beneficio ha obtenido.

Esto demuestra que la visión a largo plazo de un negociador es un elemento fundamental para el éxito. Tanto en el mundo profesional como en el personal, nuestras negociaciones con otras personas o instituciones no suelen producirse una sola vez, sino que se reiteran en el tiempo. Si nuestra actitud se centra en «regatear» al límite todo aquello que la otra parte necesita o desea, intentando «arañar» lo máximo para nosotros, es posible que a corto plazo tengamos éxito, pero la realidad demuestra que acabaremos perdiendo con el tiempo.

El juego anterior no lo ha ganado el más generoso, sino el más inteligente; aquel que ha sabido entender que si necesito al otro para obtener mi beneficio debería hacerle sentir que yo no voy a «vencerle» y que sí voy a intentar construir una relación que nos permita ganar a los dos durante todo el tiempo posible.

Esto ocurre muchas veces con el trato que se da a los proveedores por parte de la Dirección de Compras de algunas empresas, que transmite la sensación de que la única política deseable es «apretar» a los proveedores «hasta que saquen la lengua». Con esto no quiero decir que la Dirección de Compras no deba velar al máximo por obtener las mejores condiciones posibles; lo que quiero demostrar es que, ¡además!, debe ser consciente de que un buen proveedor debe ser cuidado y hay que tratarle de la misma manera que se hace con los clientes.

Todos tenemos muy claro que construir relaciones de largo plazo con nuestros clientes es fundamental, y solemos aplicar la «estrategia A-5» con frecuencia, al ser conscientes de la importancia que tiene mantenerlos en nuestra cartera si queremos que nuestro éxito sea real. Sin embargo, cuando esto se refiere a los proveedores no suele ocurrir lo mismo, sin darnos cuenta de que un buen proveedor tiene la misma importancia que un buen cliente, pues sin él nuestro negocio no puede funcionar al nivel deseado.

«If you pay peanuts, you get monkeys» (Si pagas con cacahuetes, conseguirás monos) dicen los ingleses, lo que en castellano equivaldría a «Lo barato, sale caro», «Cada uno recoge lo que siembra» o «El que algo quiere, algo le cuesta».

Esto también lo podemos llevar a los salarios, «bonus» o variables de las personas que trabajan con nosotros. Si tu forma de actuar en este ámbito es cicatera, acabarás teniendo en tu plantilla a aquellos que no tienen otra posibilidad; es decir, aquellos que no quiere nadie; el resto (los mejores) tardarán poco en encontrar mejores ofertas. Sin embargo, si aplicamos la «estrategia A-5», conseguiremos retener a los mejores y eso tiene un valor infinito.

Muchos de los grandes empresarios lo han entendido muy bien y lo aplican en sus empresas. Por ejemplo, cuentan que Anita Roddick (fundadora de la empresa The Body Shop), al recibir la queja de uno de sus directivos sobre lo cara que resultaba la formación de los empleados, le dijo: *«Si crees que la formación es cara, prueba con la ignorancia[15]».*

Por último, me gustaría comentar algo muy importante. Seguro que todos nosotros hemos tenido que oír la frase: «Esto es injusto». Dicha frase, en muchas ocasiones, pertenece al mundo de las opiniones (revisar cuadro explicativo que aparece en el punto 2.3 de la primera parte de este libro dedicada a los Conflictos) y no necesariamente a un hecho real. Sin embargo, el que la expresa puede tener la sensación de que es totalmente real, por lo que es difícil poder evitar las

---

15   Esta frase también se le atribuye a Derek Bok, ex rector de la Universidad de Harvard

consecuencias que esto implica. Por ello es importante que lean la sección que encontrarán más adelante dedicada a «Las Alternativas» para comprender cómo se puede gestionar.

La facilidad

La última «adicción» sobre la que pretendo escribir es aquella que tiene que ver con «no comprender». Así que, dado el tema, comenzaré intentando explicarme de la forma más clara posible.

Somos adictos a lo fácil, que en este caso es sinónimo de sencillo o «descomplicado» (palabra extraordinaria que aprendí de mis amigos de Colombia). Lo complicado (enmarañado, difícil) nos aparta del otro y de lo que debemos comprender con toda claridad para continuar en el proceso.

Como es norma en este libro, intentaré que los ejemplos nos sirvan de guía.

El primero y más sencillo es aquel que hemos vivido casi todos nosotros con las matemáticas. Muy raro es ver a un niño que te diga: «me encantan las matemáticas». Si así fuera, le miraríamos extrañados y pensando que es un «friki» o bien un «repelente», o que nos está engañando. Y esto es así porque es todavía más raro encontrar a un profesor que sea capaz de explicar esta ciencia con la sencillez necesaria para ser entendida y disfrutada, lo que implica de forma inmediata el rechazo de cualquier niño; lo que no entiendo, no me gusta y por lo tanto lo aparto de mí.

También he podido atestiguar que algo similar pasa con la ópera, una de las artes más desconocidas y rechazadas que puedan encontrarse; no les extrañará si les digo que el porcentaje de personas a las que les gusta es mínimo. Sin embargo he comprobado que cuando eres capaz de explicar de forma divertida y sencilla los diferentes elementos que tiene y cómo disfrutarlos, muchas personas cambian de opinión.

Todo ello demuestra, en primer lugar, que un gran profesor es un tesoro de dimensiones incalculables (ruego disculpen que haga proselitismo a favor de mi causa) y, de acuerdo con lo que nos ocupa, que la comprensión de un tema genera adeptos y la incomprensión enemigos o «rechazantes».

No digamos si a lo que nos enfrentamos es a la consulta de un médico que nos habla en un lenguaje críptico sobre lo que tenemos: «Lo que usted padece es una hemicránea paroxística episódica. O sea, una cefalea primaria caracterizada por numerosas crisis de dolor unilateral asociadas a síntomas autonómicos craneales».

Si eso me lo dijeran a mí (un hipocondríaco sublime), lo único que conseguiría es que pensase, dado el diagnóstico, que me estaba muriendo... Lo que no solo no es verdad, sino que tiene tratamiento.

Y ni hablar de los especialistas en nuevas tecnologías...

Si aplicamos esta premisa a la negociación, debemos concluir que una comunicación «limpia» y tendente a explicar las cosas en un lenguaje que el otro comprenda perfectamente genera un acercamiento que permitirá dar fluidez al proceso.

Por ello, no intente demostrar que es más listo que la otra parte utilizando términos incomprensibles; consiga que le entiendan sin fisuras. Su objetivo, ¡no lo olvide!, no es conseguir que el otro sea humillado al no comprenderle, sino que gracias a sus explicaciones «limpias» pueda unir sus necesidades al acuerdo que le propone.

Nunca olviden lo que dijo B. Pascal: «*El hombre está dispuesto a negar todo aquello que no comprende*».

RECUERDE:

- Somos adictos al reconocimiento:

  - Necesitamos que nos «quieran». Por eso buscamos que los demás nos reconozcan como alguien importante para ellos.

- Somos adictos a la equidad:

  - No aceptamos aquello que consideramos injusto o falto de equidad.

- Somos adictos a la facilidad:

  - Lo complicado nos aparta del otro.

  - Lo que no entiendo no me gusta, y por lo tanto lo aparto de mí.

- «El hombre está dispuesto a negar todo aquello que no comprende». B. Pascal.

3. TEORÍA DE JUEGOS

Debo comenzar por explicar que la «Teoría de Juegos» no es lo que en la actualidad se denomina «gamificación», y lo hago como consecuencia de las muchas veces que he tenido que aclararlo en mis cursos, sino una proposición matemática de incalculable valor para la negociación, tal y como demostró John Nash, uno de los genios matemáticos más increíbles de la Historia que se hizo popular gracias a la extraordinaria película *Una mente maravillosa*[16].

La historia de la Teoría de Juegos parece remontarse al siglo XI cuando se escribió una colección de cuentos populares galeses denominada «Mabigonion». En esta colección existe un relato sobre una guerra que enfrenta a dos reyes y que se libra mientras ellos juegan al ajedrez. Cada vez que uno de los jugadores se «come» una pieza del contrario, un mensajero debe acudir en busca del Ejército del rey que ha perdido esa pieza para informarle que debe apartar de la contienda a una división o a parte de su Ejército. Así hasta que uno de los reyes da «jaque mate» al otro.

En 1921 un matemático francés llamado Émile Borel publicó varios artículos bajo el título *Théorie du Jeu* (*Game theory and left symmetric core integral equations*), donde se sirvió del póquer para inferir posibles aplicaciones económicas y militares.

Posteriormente, Antoine A. Cournot (1801-1877), catedrático de Análisis Matemático de la Universidad de Lyon, fue el pionero en la sistematización de la Economía, siendo el precursor del uso de funciones matemáticas para explicar temas como la demanda y la oferta.

Sin embargo, fue el extraordinario John Von Neumann a quien se le considera el padre de la Teoría de Juegos. En 1944 publicó, junto a Oskar Morgenstern, el libro *Teoría de Juegos y del Comportamiento Económico* que permitió comprender mejor esta teoría y permitir su posterior desarrollo.

Por último, y para mí quien realizó las aportaciones más importantes a este tema, John Forbes Nash (Premio Nobel de Economía en 1994 y Premio Abel en 2015, considerado el Premio Nobel de Matemáticas). Algunos datos que

---

16   Esta película obtuvo cuatro premios Oscar, cuatro Globos de Oro, dos BAFTA y varios más.

confirman su genialidad son por ejemplo la famosa carta de recomendación para su acceso a la Universidad de Princeton que contenía una sola frase: «Este hombre es un genio», o el hecho de escribir una tesis doctoral con veintiún años que revolucionó la Teoría Económica en tan solo 27 páginas.

Sin ninguna duda, este gran genio matemático, uno de los más grandes de la Historia, fue quien aplicó la Teoría de Juegos con mayor pragmatismo y lo hizo en dos campos diferentes. En primer lugar, aquel que describe el concepto clave para la resolución de juegos no cooperativos con reglas dadas (que le hizo famoso en el mundo de la economía) y que es conocido como el «Equilibrio de Nash». Estas situaciones son denominadas así debido a que los jugadores, dos o más, deben tomar decisiones individuales pero cuyo valor depende de la decisión de los otros jugadores. Él permitió comprobar que cualquier «juego» de este tipo tiene solución, y este se denomina «Equilibrio de Nash».

En segundo lugar, la «Teoría de Juegos Cooperativos» que estudia el valor que se crea a través de las coaliciones de diferentes partes que deben llegar a un acuerdo y deben decidir cómo dividir las ganancias. Esta parte tiene una enorme importancia en la comprensión de cómo se generan pactos. Quizá deberíamos instruir a nuestros políticos en esta área para que la aplicasen y pudiéramos tener mejores gobiernos[17].

Si hay un dilema que nos va a permitir comprender algunas cosas y que solemos no tener en cuenta en nuestros

---

17   Como ya he advertido en otras ocasiones en este libro, pido disculpas por el probable alejamiento de la ortodoxia en este campo del conocimiento. Si lo hago es por intentar que este pueda ser comprendido de forma más sencilla por los no expertos, pero admito de antemano que pueda ser criticado por ello.

procesos de negociación es el famoso «Dilema del Prisionero». Su planteamiento es el siguiente:

Dos delincuentes son atrapados por la Policía y detenidos por cometer un delito. Sin embargo, la Policía no tiene pruebas contra ellos. Por esta razón decide encerrarlos en dos celdas separadas e incomunicados. Es decir, ellos no pueden hablar el uno con el otro.

Una vez encerrados, el fiscal va a verlos por separado y a ambos les traslada la misma información:

—Si ninguno de los dos os delatáis, solo podré condenaros a dos años de prisión por antiguos y pequeños delitos que habéis cometido. Pero si os delatáis el uno al otro, os condenaré a cinco años de prisión al tener pruebas contra los dos por este nuevo delito. Por último, si uno delata al otro y el otro no lo hace, el que delata saldrá en un año por colaborar con la Policía y el que se calla tendrá una condena de diez años, ya que todas las pruebas irán contra él.

Imaginen por un momento que ustedes son uno de los delincuentes (nada más lejos de mi ánimo que sospechar algo así de ustedes) y que deben tomar una decisión. ¿Qué harían? Piénsenlo antes de continuar.

No sé qué habrán decidido, pero la decisión más racional sería «delatar». Me imagino, como pasa habitualmente, que aquellos de ustedes que hayan decidido «no delatarse» estarán extrañados con la afirmación anterior. Pensarán: ¿cómo que no? ¡Si lo mejor para ambos es esa opción! Es la única que deberíamos tomar...

Veamos si es así aplicando el «Equilibrio de Nash». Para ello, en primer lugar fíjense en el siguiente gráfico:

Equilibrio de Nash

		PRESO 2	
		No Delatar	Delatar
PRESO 1	**No Delatar**	-2, -2	-10, -1
	Delatar	-1, -10	-5, -5

Como pueden observar, el gráfico muestra a los dos prisioneros (preso 1 y preso 2) y las dos posibles estrategias: no delatar o delatar. Tengan en cuenta que este es el «equilibrio» más sencillo, pues solo son dos jugadores, dos posibles estrategias y la decisión es simultánea.

Los cuadros donde aparecen los números nos muestran los resultados de las interacciones (a esto le llamaremos «pagos») y están en negativo debido a que, sea cual sea el resultado de la interacción, los presos quedarán sin libertad. Si fuese otro tipo de resultado, por ejemplo, un beneficio económico, estarían en positivo. De esta forma, si cruzamos la decisión del preso 1 de no delatar, con la decisión del preso 2 de delatar, observaremos que el número de la izquierda representa al preso 1 y el número de la derecha representa al preso 2: si el preso 1 no delata y el preso 2 delata, el resultado es 10 años de condena para el preso 1 y 1 año de condena para el preso 2, y así sucesivamente, de acuerdo con lo que les ha planteado el fiscal.

Lo que debemos pensar ahora es cuál es la única pregunta que deberíamos hacernos para tomar una decisión. Por lógica, la pregunta sería: ¿qué va a hacer el otro? Porque nuestra decisión dependerá de lo que el otro decida, y no dejen de tener en cuenta que, en este caso, ambos no han podido comunicarse.

Dicho de otra forma; ¿elegiría no delatar si el otro preso me delata? Recuerden que si yo no delato y el otro sí lo hace, yo me paso ¡10 años! en la cárcel y él sale en 1.

Veamos las combinaciones posibles para el preso 1:

- Preso 1 no delata + preso 2 no delata = el preso 1 se queda 2 años en la cárcel
- Preso 1 delata + preso 2 no delata = el preso 1 se queda 1 año en la cárcel

Me imagino que ustedes elegirían quedarse 1 año y no 2 (excluyo a sadomasoquistas). Sigamos:

- Preso 1 no delata + preso 2 delata = el preso 1 se queda 10 años en la cárcel
- Preso 1 delata + preso 2 delata = el preso 1 se queda 5 años en la cárcel

Y ahora, ¿qué eligen? ¿Quedarse 10 años o quedarse 5? Creo que no hay duda. Por lo tanto, el preso 1 solo puede elegir, como opción más racional, la de delatar, ya que es con la que obtiene mejores resultados, sea cual sea la estrategia elegida por el preso 2.

Realicen esta reflexión con el preso 2 y observarán que el resultado es el mismo. Por lo tanto, la única opción válida para los dos es delatar y quedarse cinco años en la cárcel; ese es el «equilibrio».

¿Racional? Eso no es así, me dirán con cierta razón. Lo lógico es no delatar y conseguir una condena de 2 años. Dicho en términos económicos, si ambos eligen no delatarse obtendrán el máximo beneficio... ¡Y tienen razón!

Entonces, ¿por qué no es esa la decisión a tomar? Por una razón muy sencilla: ¿se fía usted de la otra parte? O sea,

¿puedo confiar en que el otro va a decidir no delatarme o tengo dudas? Porque si tengo dudas no me queda otra alternativa que la de delatar o arriesgarme al límite y asumir que puedo quedarme 10 años en la cárcel.

Llegados a este punto lo más lógico es que ustedes piensen que si pudieran hablar entre ellos (comunicarse) la decisión sería distinta. Sin embargo, empíricamente se ha demostrado que no es así, que incluso si dejáramos que se comunicasen entre ellos, si no hay certeza (confianza) de la decisión del otro, más del 80% de las veces se delatarían.

Aplicado todo ello a la negociación, el punto sería cómo pasamos de «juegos no cooperativos» a «juegos cooperativos», y así poder aplicar la premisa del «yo gano y tú ganas». La clave está en una maravillosa palabra que es «confianza», la cual adquiere aquí una relevancia básica.

¿Qué ocurriría si ambos presos se conociesen desde niños y hubiesen pasado por situaciones similares en las que ninguno de los dos se hubiera delatado? ¿Qué pasaría si son padre e hijo o hermanos o amigos íntimos? Con toda probabilidad ambos no se delatarían porque tendrían una «fe ciega» en lo que el otro haría. ¿Qué pasaría si perteneciesen a la mafia y supiesen que delatar supone la condena a muerte de quien lo hiciera?

Convendrán conmigo en que la «confianza» es la clave. Pero ¿qué es la confianza? No es fácil definirla, así que aquí les doy la mejor definición que he encontrado: «Confianza es una apuesta a futuro del comportamiento del otro».

Sin duda, es una apuesta, ya que está basada en la acumulación de información sobre el comportamiento del otro en situaciones similares, lo que no garantiza que se repita. No obstante, cuanto mayor sea ese conocimiento mayor probabilidad tendremos de acertar... Tanto para saber que no nos delatarán como para saber que lo harán.

Por consiguiente, confiar requiere de una relación larga con otra persona y tener una buena «base de datos» de su comportamiento, lo que podría significar que solo podemos confiar en aquellos que conocemos y eso limita mucho nuestras posibilidades de negociar.

¿Se puede confiar en alguien que no conocemos? Esta pregunta se la realizó Robert Axelrod (profesor de Ciencias Políticas y Políticas Públicas de la Universidad de Míchigan) en su obra *The Evolution of Cooperation* donde expone que «*el fundamento de la cooperación no es en realidad la mutua confianza, sino la permanencia de la relación. Las personas que se ven en la necesidad de tratarse durante cierto tiempo acaban por admitir los beneficios de la cooperación en vez de tratar de sacar ventaja sobre los demás, porque saben que si lo hicieran el otro procuraría tomar represalias*».

Lo que nos quiere decir el profesor Axelrod es que cuando se cierne sobre nosotros «la sombra del futuro», es decir, que nuestra relación va a continuar, y por lo tanto nuestros «beneficios» dependen de esa relación, lo que se producirá es una cooperación entre las partes, aunque estas no se conozcan de antemano. Ambas partes saben que si no actúan cooperativamente (yo gano y tú ganas) el que ha sido engañado puede vengarse. Es lo que se denomina el «*Tit for Tat*» («donde las dan, las toman» o «toma y daca»).

Volvamos al dilema del prisionero y supongamos que el prisionero 1 ha decidido no delatar y el prisionero 2 ha decidido delatar. Es decir, el prisionero 1 se queda diez años en la cárcel y el prisionero 2 sale en un año. Ahora, supongamos que el fiscal les propone volver a decidir en una segunda ronda, informándoles previamente de cuáles han sido las decisiones que cada uno han tomado. ¿Qué suponen que hará el prisionero 1? Por lógica, delatar; «donde las dan las toman». Un «*Tit for Tat*».

Varios experimentos realizados en este sentido demuestran que esa será la tónica en sucesivas rondas, y esto es debido a que al haberse quebrado la confianza en el otro es muy difícil que se cambie de estrategia.

Pero, ¿qué pasaría si en vez de la cárcel lo que nos estamos «jugando» es la posibilidad de negociar con un cliente un importante acuerdo para suministrarle un tipo de materia prima que necesita urgentemente y nosotros, dada la excepcional situación, somos lo únicos que estamos en condiciones de suministrársela en el tiempo que necesita? Con seguridad decidiríamos que nuestra oferta tendrá un precio bastante más elevado del que tendría en condiciones normales.

Imaginemos que el comprador, si no acepta la subida de precios, tendría un descenso de sus beneficios de un millón de euros al perder varias ventas por la no posibilidad de suministrar a sus clientes, y si lo acepta el descenso sería de 350.000€, debido al incremento del coste de producción. El vendedor, por su parte, conseguiría un beneficio adicional a final de año de un millón de euros, pero si mantuviera el precio su beneficio se incrementaría en 200.000€ al realizar una venta no esperada.

Por lógica, si esta fuese la única relación comercial que tendremos con este cliente, nuestra decisión como proveedores sería incrementar el precio y obtener ese beneficio pues el comprador no tiene mejor alternativa: o acepta lo que yo le propongo o tendrá una pérdida no solo económica sino de prestigio ante sus clientes por falta de suministro de sus productos... Y nosotros no volveremos a interactuar con él.

Lo importante a considerar es qué pasaría si la realidad llevase a ambos a tener que volver a sentarse para negociar otras compra-ventas, segunda ronda y sucesivas. Lo más probable es que el comprador intentara «vengarse» (*Tit for Tat*) y así poder recuperar toda o parte de la pérdida que tuvo negociando muy a la baja los precios. O ignorando al vendedor frente a otros posibles suministradores.

Por consiguiente, algo que tenemos que pensar siempre es cuál es la «sombra del futuro» que se cierne sobre nuestras decisiones; si nuestros «juegos de negociación» solo tienen una perspectiva de corto plazo en el futuro acabaremos perdiendo.

RECUERDE:

- Los padres de la Teoría de Juegos fueron John Von Neumann y Oskar Morgenstern.

- John F. Nash realizó las aportaciones más importantes y prácticas para su aplicación al campo de la negociación, definiendo el concepto clave como el «equilibrio de Nash».

- Debemos pasar de «juegos no cooperativos» a «juegos cooperativos».

- El elemento clave es la confianza.

- Robert Axelrod: *«El fundamento de la cooperación no es en realidad la mutua confianza, sino la permanencia de la relación...»*, la sombra del futuro.

EL RALLY DE LA NEGOCIACIÓN

Quiero aclarar que mi formación en el mundo de la negociación tiene como base el modelo de negociación de Harvard, modelo que pude conocer de la mano de su creador, el profesor Roger Fisher[18] quien, con otros profesores como Danny Ertel[19] o Bruce Patton[20], me proporcionó la posibilidad de aprenderlo en profundidad.

Posteriormente pude intervenir junto a ellos como profesor de grupos de directivos españoles y latinoamericanos e incluso codirigir, junto a Roger Fisher, el Curso sobre Técnicas de Negociación en el RCC de la Universidad de Harvard.

Si bien en el Instituto Superior de Negociación de la Universidad Francisco de Vitoria estamos inmersos en una investigación que tiene como objetivo desarrollar un modelo propio, no cabe duda de que el modelo de Harvard sigue siendo una guía imprescindible para cualquiera que necesite entender cómo encaminar adecuadamente este proceso. Por consiguiente, utilizaré algunos de sus conceptos; eso sí, añadiendo un esquema que contiene lo que en mi opinión es imprescindible considerar y saber gestionar.

---

18   (1922-2012) Fue Samuel Williston Professor en Harvard Law School y director del «Harvard Negotiation Project». Fue asesor de varios presidentes de EEUU en procesos de negociación.

19   Fundador, socio y director de Vantage Partners. Chairman de Janeeva. Doctor en derecho por la Universidad de Harvard y co-autor de varios libros junto a Roger Fisher.

20   Co-fundador y «Distinguished Fellow» del «Harvard Negotiation Project». Co-fundador de Conflict Management Inc. y Vantage Partners. Co-autor del libro *Getting to yes* junto a R. Fisher y W.Ury.

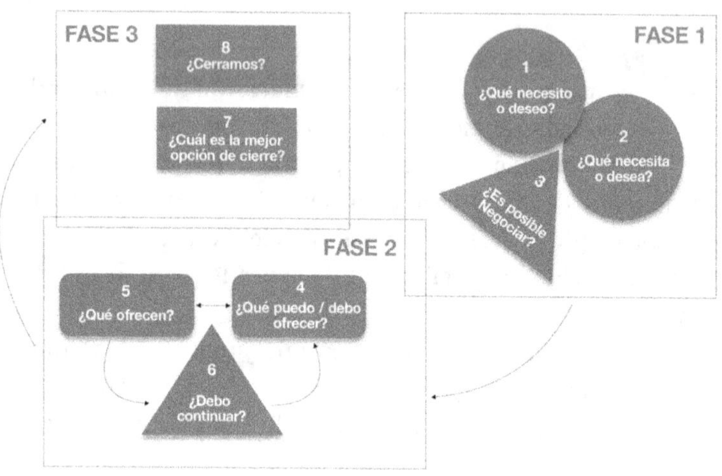

FASE 1

Siguiendo con la recomendación que siempre hace mi querido amigo, socio, compañero del ISN y gran experto en negociaciones complejas, Álvaro Rengifo, comenzaré diciendo que, si algo es imprescindible para conseguir que las negociaciones lleguen a buen puerto, eso es una muy buena preparación (Álvaro afirma que supone un 80% del éxito). Esto, que parece una perogrullada, no lo es, porque nuestra experiencia nos demuestra (es una pregunta que lanzamos siempre en nuestros cursos) que la mayoría de las personas dedican un tiempo muy escaso a pensar sobre todos aquellos aspectos que es necesario tener en cuenta y que jugarán un papel muy importante en todo el proceso.

Salvo en negociaciones muy complejas, en las que sí suele haber una buena preparación (¡no siempre!), lo que suele ser habitual es que ante la pregunta de si se ha realizado o no esta reflexión, la respuesta sea: «Bueno, vamos y ya iremos viendo qué hacemos...». Pues lo más probable es que lo que se haga nos conduzca a un resultado muy inferior al que habría sido posible conseguir si esa preparación hubiese sido concienzuda.

Necesidades y deseos

Por eso, lo primero que debemos pensar y tener perfectamente claro es aquello que nosotros necesitamos o deseamos. Así que, en primer lugar, es importante distinguir si aquello que pretendemos conseguir es una necesidad o un deseo, dado que esto influirá de forma importante en el resto del proceso.

Necesitar algo significa que tenemos una carencia, sea del tipo que sea, que debemos cubrir para alcanzar ese algo, y que, si no tenemos, puede ser muy perjudicial para nuestra vida, negocio, etc. Es decir, una necesidad encarna un peligro real y cierto si no disponemos de lo «necesitado», y no conseguirlo puede desencadenar efectos tan negativos como por ejemplo poner en cuestión nuestra supervivencia.

Sin embargo, un deseo es algo que tiene que ver más con nuestra parte afectiva, ya que está relacionado con las emociones y son estas las que alimentan nuestra voluntad de querer conseguir aquello que deseamos. A diferencia de las necesidades, no conseguir un deseo no supone un peligro real y cierto, lo que no significa que no obtenerlo genere una situación emocional muchas veces dolorosa (afecta a nuestro sentimiento de felicidad), aunque casi siempre exagerada, y, por otra, que para intentar conseguirlo despreciemos las consecuencias negativas de las acciones que realizamos con el fin de obtenerlo. En todo caso, no debemos olvidar que tener un deseo y buscar satisfacerlo es un proceso que está totalmente ligado a la naturaleza humana.

Es importante no engañarnos a la hora de considerar nuestras auténticas necesidades ya que es habitual convertir un deseo en una necesidad y de esto en ocasiones no somos conscientes. Asimismo, podemos equivocarnos al considerar que la necesidad expresada por la otra parte no es más que un deseo del que puede prescindir.

Analicemos este ejemplo: imaginemos que nuestro hijo de catorce años nos pide que le compremos un teléfono móvil. ¿Es un deseo o una necesidad? Si quienes lo piensan somos los padres es muy probable que consideren que es un deseo y en ningún caso una necesidad. Sin embargo, nuestro hijo considerará que es una necesidad apremiante. Por ello, el proceso de decisión generará bastante tensión y presumiblemente acabará con una negativa de compra, la cual será acompañada por múltiples argumentos que ¡por supuesto! la otra parte no considerará válidos.

Es lógico que los padres no consideren la posesión de un móvil como una necesidad, pues en su opinión esa carencia no es perjudicial para la vida, ni supone ningún efecto negativo; ¡todo lo contrario! En cambio, si lo analizamos desde el punto de vista de una persona de catorce años, esa carencia sí afecta a su vida debido a que le «señala» dentro de su grupo de amigos como un «pringado» y le aísla de la interacción con sus amigos a través de un medio «imprescindible» para ellos.

Por lo tanto, deberemos «falsar» nuestra consideración sobre qué consideramos una necesidad o un deseo, tanto para nosotros como para la otra parte. Recuerden que el «falsacionismo» nos dice que para constatar que una afirmación es cierta debemos intentar refutarla con un contraejemplo para comprobar su validez.

Volvamos al ejemplo anterior. Lo normal, desde nuestro pensamiento como padres, es que consideremos que alguien de esa edad no necesita un móvil para «vivir», y además haremos todo tipo de consideraciones sobre los peligros que tiene en muchos sentidos, lo que es muy cierto. Ahora bien, imaginemos a nuestro hijo una tarde de sábado en un centro comercial con sus amigos siendo el único que no tiene ese dispositivo. Además, para poder quedar con ellos le han tenido que llamar al móvil de su madre y no ha podido seguir la conversación que a través de «WhatsApp» han tenido sus amigos sobre lo que les apetece hacer cuando estén en el centro comercial... Este contraejemplo puede hacernos ver que para él un móvil es una necesidad que si no cubre le afectará negativamente a su vida.

Por supuesto, esto no supone que tengamos que ceder y regalarle el mejor móvil del mercado y que lo use cuando él quiera y de la forma que quiera, pero sí nos permitirá comprender que debemos considerar este asunto de otra forma y razonar los términos y condiciones que ponemos a su uso y disfrute. Si esto lo hacemos a través de una buena negociación podremos además conseguir un útil aprendizaje para su vida.

Por lo tanto, deberemos ser conscientes de que en el proceso de negociación de una necesidad pasaremos por consideraciones distintas que en el de un deseo, y esto es debido sobre todo a que lo que nos «jugamos» puede tener consecuencias muy diferentes. No obstante, en la mayoría de los procesos aparecen tanto necesidades como deseos y es necesario identificar ambos (en nosotros y en la otra parte) para poder tratarlos de forma diferenciada puesto que nuestras concesiones no serán las mismas en uno y otro caso.

Así que lo primero que debemos hacer, como ya he indicado, es una serena reflexión sobre aquello que necesitamos y aquello que deseamos. Es muy importante que esta reflexión no se quede solo en nuestro cerebro, sino que la plasmemos en un papel; es decir, que pongamos por escrito todo aquello que consideremos importante conseguir.

Si recomiendo escribirlo es debido a que cuando intentamos expresarnos por escrito tenemos que «dar una vuelta de tuerca» a nuestra reflexión (recuerden «falsar» lo que piensan) y utilizar las palabras exactas que describan aquello que necesitamos o deseamos. Además, hacerlo nos permitirá repasar aquello que hemos considerado e ir «afinando» el listado de nuestras pretensiones. Por último, permitirá que establezcamos un ránking e identifiquemos:

- Aquello que es innegociable
- Aquello que es muy importante
- Aquello de lo que, llegado el caso, podemos prescindir

En consecuencia, nuestra primera tarea en un proceso de negociación es determinar, con la mayor precisión y claridad posible, qué necesitamos y qué deseamos.

La segunda, por lógica, es intentar anticipar qué necesita y qué desea la otra parte. Para ello, nada mejor que recabar todo tipo de información sobre la empresa, la persona, etc. con la que vamos a negociar. Sin embargo, es fundamental entender que esta reflexión, al contrario que la anterior, no podemos considerarla concluyente puesto que se basa en informaciones que no siempre son exactas y completas y, en segundo lugar, porque vamos a utilizar nuestras propias suposiciones, lo que hace que sea obligatorio confirmarla. De cualquier forma, es importante hacerlo, debido a que nos permitirá indagar (¡preguntar!), con mayor criterio, aquellos aspectos que tienen base suficiente para poder iniciar un camino que me permita averiguar con exactitud lo que necesita o desea la otra parte.

Nunca podemos olvidar que una condición *sine qua non* en los procesos de negociación es poseer la mayor cantidad de información fiable, y esto afecta tanto a aquello que nos interesa conseguir a nosotros como a lo que interesa a quienes están negociando con nosotros. La información detallada, precisa y contrastada es un pilar fundamental del éxito.

El siguiente paso es reunirnos con la otra parte (¡o partes!), pues así podremos ir verificando, de verdad, sus necesidades y deseos, lo que, en terminología del modelo de Harvard, son los intereses.

Es ahora cuando deberemos poner en práctica todas aquellas herramientas que hemos descrito anteriormente, añadiendo alguna consideración más que explicaré en páginas siguientes, para llegar a obtener la información necesaria.

Los muros y las ventanas

El problema al que nos enfrentaremos es que, salvo en los casos de un muy elevado nivel de confianza entre las partes, no será fácil conseguir la información completa y exacta de aquello que la otra parte está intentando conseguir. Esto es debido a que, por lógica, no se fiará de lo que podamos hacer con esa información; nosotros actuaremos igual hacia la otra parte. Es decir, nos encontraremos con «muros» que nos impedirán ver aquello que necesitamos saber. A esto, el modelo de Harvard le llama «posiciones», pero hemos constatado muchas veces entre los asistentes a nuestros cursos que este término provoca bastantes equívocos, por lo que creo que la imagen de un muro es más pedagógica.

Supongamos la siguiente situación. Usted está buscando una casa para comprar y descubre, en un portal dedicado a la compraventa de viviendas, una que le resulta muy interesante. Por ello se pone en contacto con el propietario para ir a conocerla.

Con mucha seguridad, y mientras está recorriendo las diferentes estancias de la vivienda, el propietario irá exponiendo todas las bondades de la casa, mientras que usted irá escrutando cada rincón para sacarle la máxima cantidad de defectos; todo para defender el precio al que cada uno aspira. Sin ninguna duda, el que vende nos dirá que el precio es muy bueno, ¡una oportunidad!, a lo que nosotros reaccionaremos indicando que hemos visto más casas, ¡y mejores!, con un precio más bajo.

Finalizada la visita nos despediremos con un «gracias y lo pensaré», a lo que la otra parte responderá con un «hay varias personas interesadas, por lo que le agradecería que si le interesa me lo diga lo antes posible».

Ahora imaginen que volvemos a ponernos en contacto con el propietario para ir de nuevo a visitar la casa... La escena que se producirá es la misma que la descrita más arriba:

- Vendedor: «Maravillosa casa a un precio muy bueno».
- Comprador: «Hay que reformar muchas cosas y el precio está por encima del mercado».

Estarán conmigo en que si un observador imparcial estuviese presente no entendería nada; uno quiere comprar una casa defectuosa y cara y otro quiere vender una casa maravillosa a un precio por debajo del mercado. Pues bien, salvo que sean dos jubilados que no tienen nada que hacer en todo el día, ¿qué hacen discutiendo sobre la compraventa?

La realidad es que ambos han construido un «muro» que impide al otro observar lo que necesita o desea, pues consideran que si exponen claramente por qué compran o venden, la otra parte aprovechará esa información para presionar todo lo posible a su favor.

Imaginen que el vendedor necesita urgentemente vender porque tiene una deuda importante que pagar al banco y si no lo hace en menos de treinta días le embargarán la casa. Si el comprador tuviese esa información es evidente que la utilizaría a su favor ofertando un precio inferior.

Ahora bien, ¿qué pasaría si el vendedor tuviera conocimiento de que en la puerta de al lado vive la suegra del comprador, que recoge a sus hijos del colegio y los mantiene bajo su cuidado hasta que él y su mujer regresan tarde del trabajo? Por lógica, aprovecharía esa circunstancia para presionar a su favor con el precio.

Los «muros» en una negociación siempre los encontraremos, sobre todo, insisto, si el grado de confianza es bajo. Nuestra obligación es conseguir abrir «ventanas» que nos permitan observar qué hay detrás del «muro» y comprender los intereses de la otra parte.

Supongo que muchos de ustedes pensarán que lo importante no es abrir «ventanas» en el «muro», sino destruirlo y así conseguir tener toda la «panorámica». Sin embargo, eso no ocurrirá casi nunca, por no decir nunca. Siempre habrá determinada información de la que no dispondremos; por ejemplo, el precio que realmente está dispuesto a pagar o aceptar la otra parte.

Cuentan que en una ocasión el célebre Thomas A. Edison había inventado un dispositivo para mejorar el rendimiento de una maquinaria utilizada en la industria del papel. Un gran empresario que tuvo conocimiento de ello pidió a Edison poder probarla durante un mes para comprobar su efectividad, a lo que Edison accedió. Transcurrido ese mes, el empresario llamó al famoso inventor para decirle que quería reunirse con él y negociar la compra. Edison acudió al despacho del empresario y se produjo el siguiente diálogo:

Empresario: Mire, su dispositivo es válido para mi empresa y quiero comprárselo. Le ofrezco 500$ por él.

Edison: Hombre…

Empresario: Está bien, podría llegar hasta los 750$.

Edison: Hombre...

Empresario: De acuerdo, esta es mi última oferta, 900$. Si no es ese el precio, no me interesa.

Edison aceptó, firmaron el contrato y recibió un cheque bancario por sus 900$.

Cuando Edison estaba a punto de abandonar el despacho del empresario, este le dijo:

—Hubiera llegado hasta los 1.500$.

A lo que Edison le respondió:

—Y yo se lo hubiera vendido por 300$.

En la vida, casi nunca tenemos la información del final del ejemplo anterior. El problema no es el «*What if...*» (¡Qué pasaría si...!), puesto que nunca sabremos qué hubiera pasado si hubiésemos ofrecido menos o hubiésemos marcado unas condiciones más exigentes. El éxito en una negociación no puede medirse haciendo ese tipo de hipótesis, sino analizando en qué medida hemos alcanzado lo que nos proponíamos.

Debemos siempre considerar que es muy probable que las primeras reuniones nos proporcionen información que no sea más que «ladrillos del muro» que la otra parte coloca delante de nosotros para que no sepamos aquello que persigue. Por eso, nuestra obligación es facilitar que confíe en nosotros (repasen las herramientas que he indicado anteriormente) para poder ir rompiendo el «muro» y así abrir «ventanas» que nos permitan ver con claridad sus intereses. Es muy importante que lo consigamos quitando «ladrillos del muro» y no suponiendo lo que habrá detrás; esto último muchas veces es lo que solemos hacer.

He oído en innumerables ocasiones a personas del mundo comercial decir: «No tienen que explicarme lo que quieren, lo sé muy bien. ¡Llevo veinte años vendiendo!». Cuando lo oigo suelo pensar que más que veinte años de experiencia llevan un año repetido veinte veces, porque lo que dicen demuestra que no han aprendido nada.

La regla fundamental es nunca dar por hecho que sabemos lo que el otro quiere hasta no comprobarlo con la información que nos proporciona. Lo que la otra parte quiere no se sospecha, no se intuye, no se percibe, no se adivina... Lo que la otra parte quiere... ¡se sabe!

Prejuzgar en este ámbito es sinónimo de fracaso, pues el prejuicio conlleva que asumimos que el otro piensa y siente como nosotros. Sin embargo, lo que estoy pensando que quiere el otro lo estoy pensando con mi cabeza y, que yo sepa, mi cabeza y la del otro con seguridad no coinciden. Es más, cuando prejuzgo, lo que estoy haciendo es considerar qué es lo que a mí me gustaría si yo estuviera en su lugar y no lo que a la otra parte le gustaría; ¡craso error!

Por último, nunca olviden que conocer los intereses de la otra parte no es el resultado de mirar por una sola «ventana» que hemos abierto en el «muro», porque esta solo nos proporcionará una parte de la visión total. Es muy importante tener siempre en cuenta que los intereses nunca son únicos; siempre son múltiples y, por supuesto, no todos tienen el mismo valor. Abra todas las «ventanas» que pueda.

Comunes, compatibles e incompatibles

Además de todo lo anterior, es necesario que consideren esta clasificación para entender cómo gestionar el mundo de los intereses de la mejor forma posible.

Imaginen la siguiente situación:

Una pareja acaba de sentarse frente a la televisión y uno de ellos coge el mando para encenderla y va pasando los canales hasta que encuentra uno que le gusta y se detiene en él mientras deja el mando a su lado. En ese momento, el otro se hace con el mando y pulsa para cambiar de canal (al parecer no le gusta la elección anterior) hasta que encuentra uno que le gusta. A continuación, el otro coge el mando y comienza de nuevo a cambiar de canal hasta que llega a la primera elección...

—Pero, ¿por qué tenemos que ver este canal? A mí no me gusta.

—Pues a mí no me gusta el que habías puesto.

—Siempre hay que hacer lo que a ti te da la gana... De eso nada, ¡cambia ahora mismo de canal!

—Te advierto que no vamos a ver el que habías puesto.

—¿Cómo que no? ¡Ahhh, claro, tenemos que tragarnos el que a ti te gusta!

Y así hasta que alguno de los dos se levante enfadado y salga de la habitación pegando un portazo.

¿Tiene solución este problema? Probablemente a muchos de ustedes se les ocurran algunas soluciones que irán desde la imposición hasta comprar otra televisión para que cada uno la vea por separado... Puede ser. Sin embargo, ninguna de esas respuestas sería en principio la más adecuada.

¿Qué deberíamos hacer? Si tenemos en cuenta muchas de las cosas que he planteado en el apartado anterior, lo que deberíamos hacer, antes de nada, es preguntar a cada uno de ellos qué tipo de programa le apetece ver: ¿qué quieres tú y qué quiere el otro?

Imaginemos ahora que vivimos en la misma casa y escuchamos los gritos que provoca esta discusión, así que decidimos ir a ver qué pasa y hacemos la pregunta adecuada: ¿qué tipo de programa te apetece ver?

Uno de ellos nos dice que quiere algo entretenido, que está cansado y necesita ver alguna película que sea divertida. La otra parte nos dice que también está cansada y que quiere ver algo relacionado con el deporte porque eso le relaja.

¿Tiene solución este problema? Intentemos analizarlo a través de una forma complementaria de comprender los intereses.

Lo primero que deberemos considerar es si existe lo que denominamos «interés común». Es decir, ¿qué es lo que ambos están buscando y es igual? En este caso, la respuesta es sencilla: lo que buscan es ver la televisión para relajarse después de un día de mucho trabajo. Es decir, existe un interés común.

¿Qué pasaría si no existiese un interés común, en este caso, que uno vea la televisión y el otro apagarla y que se vaya a la cama a descansar? Pues que entraríamos en una situación de muy difícil solución ya que estaríamos en una encrucijada que nos llevaría a un conflicto de «yo gano y tú pierdes»; si la televisión se queda encendida, yo gano y tú pierdes. Si la televisión se apaga, yo pierdo y tú ganas.

¿Saben ustedes cuál es el interés común que une a sus clientes? ¡Piénsenlo un minuto!

El interés común que une a sus clientes es ¡Ganar dinero! ¡Obtener beneficios! (igualmente aplicable a sus proveedores). Por lo que si lo que pretende una de las partes es que el otro «pierda dinero», será muy difícil encontrar una solución.

El problema es que aparecen unos intereses a los que vamos a denominar «incompatibles». ¿Cuál es el interés incompatible en el caso que nos ocupa? Teniendo en cuenta que un interés incompatible es, si utilizamos la terminología de la Teoría de Juegos, un juego de suma cero, o sea, aquel en el que uno gana y el otro pierde en la misma medida (su suma es cero), en este caso podemos decir que el interés incompatible es el mando de la televisión: o lo manejo yo o lo manejas tú. Si nos centramos en él, la solución solo puede venir de la mano de la imposición, ya que no es posible partir el mando por la mitad y darle una mitad a cada uno. Dicho de otra forma, es un interés que solo puedo obtener si se lo arrebato al otro: ¡Yo gano y tú pierdes!

¿Qué podemos hacer? Lo que podemos y debemos hacer es centrarnos en los denominados «intereses compatibles», aquellos que se definen por la posibilidad de conseguirlos sin hacer perder al otro. Por eso deberemos preguntarnos, ¡antes de nada!, qué es lo que quiere cada uno de ellos:

- Parte A: ver alguna película que sea divertida
- Parte B: ver algo relacionado con el deporte

¿Es posible encontrar una película divertida que tenga que ver con el mundo del deporte? Al menos podremos intentarlo y buscar una solución que no sea que uno gane (se imponga) y el otro pierda (tenga que irse).

Así que lo primero que debemos hacer es «sacar» el mando de la negociación, pues todo interés incompatible desarbola cualquier intento de encontrar una solución, y centrarnos en los «intereses compatibles». A partir de ahí pueden ocurrir dos cosas: que encontremos una película entretenida que trate sobre deporte (*Hoosiers*, *Evasión o Victoria*, *Pelé*, etc.), o que no la encontremos. Ante esta última situación podremos negociar, por ejemplo, qué días el mando lo maneja uno y qué días lo maneja el otro y no centrarnos en su «posesión». En cualquiera de los dos casos habremos conseguido no «vencer» al otro sino ganar con el otro; esta es la esencia de la negociación.

Si hemos llegado a alguna de estas soluciones (u otra similar) nos daremos cuenta de que aquello que fue motivo de enfrentamiento, el mando a distancia, ha pasado a ser algo accesorio. Si hemos encontrado una película que a ambos nos satisface, ¿qué importancia tiene quién maneja el mando para llegar al canal elegido?

Vayamos ahora al mundo empresarial, y más concretamente al mundo comercial. Como ya he indicado, si estamos negociando con un cliente o un proveedor es porque tenemos un «interés común» (la obtención de beneficios).

El problema surge si nos centramos en un «interés incompatible» como es el precio, haciendo de este el motivo fundamental de nuestra negociación; si yo te hago un descuento porque me lo exiges para cerrar, yo pierdo y tú ganas, lo que incumple el principio de «ganar-ganar», que es imprescindible para este proceso.

El precio nunca puede ser el centro de una negociación, sino la consecuencia del intercambio que pactemos. Que yo sepa, nadie llega a un restaurante y antes de nada le dice al camarero: ¿cuánto cuesta comer aquí? Con seguridad, ante esa pregunta se nos dirá que depende de aquello que elijamos del menú.

El precio es algo que hay que sacar de la negociación, hasta el final; debe ser la consecuencia de negociar nuestros «intereses compatibles». Es decir, solo una vez que sepa qué te estoy ofreciendo de acuerdo con lo que tú necesitas, estaré en condiciones de darte un precio. Si una vez explicitado me solicitan un descuento, tendré que regresar a aquello que estoy ofreciendo y eliminar algunas de las cosas que estaban en la oferta inicial.

Volvamos al restaurante e imaginemos que nuestra comanda consiste en, por ejemplo, un buen plato de jamón ibérico como entrada, un solomillo al vapor y una botella de buen vino, pero antes de que el camarero se vaya solicito que me indiquen el precio total. Él hace la cuenta y me dice que la factura asciende a 100€. Ante una cantidad que no está contemplada en mi presupuesto, lo que se me ocurre es decirle que o bien me hace un descuento o no comeré allí. ¿Se imaginan la cara del camarero? Lo más probable es que me ayude a levantarme y me acompañe a la salida.

Otra posibilidad es que, dado que tengo muchas ganas de comer en ese restaurante por la calidad de su comida, le diga al camarero que el máximo que puedo gastarme es 75€. Entonces, él me señalará que si ponemos un vino menos caro, aunque muy agradable (incluso puede que me ofrezca probarlo antes de que tome una decisión), la factura sería de 70€. Ahora sí habremos alcanzado un acuerdo que permitirá que yo disfrute del restaurante que tanto me gusta según mi presupuesto y el restaurante pueda hacer su negocio mientras me proporciona la calidad que yo deseo.

Por lo tanto, cuando encontremos un «interés incompatible» apartémoslo de la negociación (dejemos el mando a distancia, el precio, etc., a un lado) y centrémonos en los «intereses compatibles» para alcanzar un acuerdo que beneficie a todos. Una vez que lo hagamos podremos regresar a los «intereses incompatibles» y veremos que la mayoría de las veces serán resueltos como consecuencia de lo anterior.

¿Es posible negociar?

Si hemos ido teniendo en cuenta todo lo considerado anteriormente nos encontraremos con la posibilidad de analizar si, dados los intereses que persigo y los intereses que persigue la otra parte, es posible continuar «el rally de la negociación».

Tener clara esta información no quiere decir que la negociación esté cerrada; quiere decir que, sabiendo lo que queremos cada una de las partes, es posible continuar con el proceso porque no existe ningún impedimento insalvable.

Si regresamos a lo que hemos apuntado en apartados anteriores, lo que deberemos comprobar es que no hay ninguna «línea roja» que impida la negociación. Es decir, tanto aquello que tiene que ver con los principios y valores que nosotros defendemos como con aquellas peticiones que en ningún caso estamos dispuestos a considerar.

Pongamos un par de ejemplos.

Supongamos que un cliente nos propone una operación cuyos términos son asumibles por nuestra parte pero nos dice que un 50% del pago tiene que hacerlo con «dinero negro». Esta última condición anularía de inmediato la posibilidad de continuar al transgredir una «línea roja» que determinan nuestros principios y valores, además de la ley.

Imaginemos ahora que después de varias conversaciones la otra parte nos dice que el precio al que debemos cerrar la operación está por debajo del mínimo que nos hemos marcado y que para nosotros es irrenunciable. En ese momento deberemos detener el proceso y establecer que, si esa condición es definitiva, la negociación se cancela.

Las «líneas rojas» hay que tenerlas siempre presentes y bien definidas, a lo que hay que añadir que estas no solo son las que nos imponemos nosotros porque las estimamos adecuadas (por ejemplo, un determinado precio o condición), sino que debemos considerar aquellas que están impuestas y que no dependen de un criterio marcado por nosotros. Si regresamos a Kant, podemos decir que son tanto imperativos categóricos como hipotéticos. Me explico.

Como ya indiqué, un imperativo categórico es aquello que debemos hacer con independencia de si las consecuencias son negativas para nosotros. Si volvemos a uno de los ejemplos anteriores, aquel en el que nos proponen pagarnos un 50% en «dinero negro» y nosotros rechazamos esta posibilidad, aunque eso signifique que perdemos una venta muy importante para nuestra empresa (lo que es una consecuencia claramente negativa para nosotros) y lo hacemos por convicción ética, sin considerar las consecuencias legales, estaremos actuando a partir de un imperativo categórico que hemos adoptado por convicción y no por imposición (si es por imposición pasamos a la siguiente posibilidad que explicaré a continuación). Esto sin duda es una «línea roja» que debemos tener muy clara antes de cualquier proceso negociador en el que estemos involucrados.

Este tipo de imperativos no solo afectan a los términos de la negociación, sino incluso a la forma en la que llevaremos a cabo el proceso. Un ejemplo sería actuar siempre con el máximo respeto a las personas que estén involucradas, evitando tajantemente humillar, insultar, despreciar... Ninguna ley nos prohíbe comportarnos así (no sería mala idea explorar la posibilidad de crear una); serán nuestras convicciones quienes nos harán operar de esa manera y exigir que se actúe con nosotros también en esos términos o la negociación finalizará, aunque las consecuencias de abandonar el proceso sean negativas para nosotros.

Muchas empresas e individuos, si les preguntamos por esta cuestión, nos dirán que lo tienen perfectamente claro y bien definido; sin embargo la cruda realidad no lo demuestra en demasiadas ocasiones.

Otro problema que suele surgir con este asunto es cuando nos enfrentamos a los denominados «imperativos hipotéticos», es decir aquellos que cumplimos condicionados por sus consecuencias. Quizá el ejemplo más claro es la ley, y es una «línea roja» infranqueable. Puede que no esté de acuerdo con el planteamiento de una ley (estamos hablando de leyes en países democráticos donde la Justicia funciona adecuadamente) y considere que debía ser cambiada; no obstante, su cumplimiento es obligatorio, aunque eso suponga no poder hacer determinadas cosas que le beneficiarían. Esto, que parece es un tema obvio, es olvidado muchas veces; baste recordar los ejemplos que los nacionalismos nos proporcionan.

Imaginemos que los jugadores de un equipo deportivo han llegado a un acuerdo por el cual se establece, como norma de obligado cumplimiento, no llegar tarde a los entrenamientos ya que esto supone un perjuicio importante para el grupo. Además, el incumplimiento de esta norma supone que el jugador que llegue tarde tendrá que abonar una multa proporcional al salario que gana, y si en el mismo mes ese retraso se produjera tres veces, sería apartado del equipo y no podría jugar los dos siguientes partidos.

Puede ocurrir que algunos de los jugadores lo tomen como imperativo categórico; no llegaré tarde por la convicción de que debo comportarme de manera que no perjudique a mi equipo, con independencia de las multas y sanciones. Puede haber otros jugadores que lo cumplan porque consideren las consecuencias negativas que puede producirles (imperativo hipotético): multas, tener fama de indisciplinado, lo que podría afectar a posibles contrataciones por otros equipos en el futuro, etc. No importa cuál sea la decisión individual, lo que sí es importante es que esa «línea roja» no puede ser negociada.

Ahora imaginen que el mejor jugador del equipo, un verdadero «crack», incumple esta norma tres veces en el mismo mes y no es sancionado por su entrenador. ¿Se imaginan las consecuencias?

Por consiguiente, hay un marco de referencia que debemos «dibujar» para tener claro en cada momento cuáles son los límites. Si seguimos con el ejemplo deportivo, son las líneas que marcan el terreno de juego; si no existen, jugar partidos se convierte en un imposible.

RECUERDE:

- La preparación supone el 80% del éxito en una negociación.

- Necesitar algo significa que tenemos una carencia, sea del tipo que sea, que debemos cubrir para alcanzar ese algo y cuya falta puede ser muy perjudicial para nuestra vida, negocio, etc.

- Un deseo es algo que tiene que ver más con nuestra parte afectiva, ya que está relacionado con las emociones, y son estas las que alimentan nuestra voluntad de lograr aquello que deseamos. No conseguir un deseo no supone un peligro real y cierto.

- Sea consciente de aquello que necesita y aquello que desea: nuestros intereses.

- Sea consciente de aquello que necesita y aquello que desea la otra parte: sus intereses.

- Cuidado con los «muros» que nos impiden ver los intereses (las posiciones).

- Abra tantas «ventanas» como le sea posible en el «muro» para poder entender los intereses de la otra parte.

- Si no existe un interés común no podremos negociar.

- Céntrese en los intereses compatibles y permita que aquellos que son «incompatibles» se resuelvan como consecuencia de la negociación.

- Los principios y los valores que determinamos nos marcan «las líneas rojas» de la negociación.

FASE 2

Si algo distingue esta segunda fase es la aparición de las propuestas de acuerdo, pues dado el conocimiento de lo que yo necesito o deseo y de lo que la otra parte necesita o desea (intereses) solemos concluir cuál puede ser la solución más adecuada.

La experiencia demuestra que tenderemos a posicionarnos en el límite más conveniente para nosotros, sea este el inferior (por ejemplo, el que compra) o el superior (por ejemplo, el que vende), de forma que podamos tener margen de maniobra para realizar un cambio en nuestra propuesta que, aún con ese cambio, puede ser válida para nosotros.

¿Qué debemos considerar si recibimos una propuesta? ¿Planteamos otra posibilidad? ¿No movernos de nuestra proposición? ¿Aceptar?

Consideremos el caso, que ya hemos descrito anteriormente, en el cual dos personas negocian la compraventa de una vivienda.

Recordemos que el comprador tiene urgencia en vender la casa dado que su deuda con el banco le obliga a vender antes de treinta días porque, si no es así, la casa será embargada. Por su parte, el comprador necesita esa casa porque en la puerta de al lado vive su suegra, que es quien recoge a los niños del colegio, les da de merendar, les ayuda con sus deberes, les ducha, les da la cena si es necesario y los tiene preparados para cuando él y su pareja llegan tarde del trabajo.

El presupuesto del comprador asciende a 600.000€, ya que la mejor propuesta de préstamo hipotecario que tiene le permite llegar a la cuota mensual que este representa. La deuda del vendedor es de 450.000€, aunque dispone de unos ahorros de 50.000€ que podría utilizar como parte del pago de su deuda, aunque ninguna de estas informaciones es conocida con exactitud por ninguna de las partes.

Lo más habitual es que cada uno argumente por qué pide lo que pide. El vendedor sabe que las viviendas de esa zona se están vendiendo a precios que oscilan entre los 500.000 y los 600.000 euros. El comprador, por su parte, se ha informado de que ese es el rango de precios, pero la venta, debido a la situación del mercado en esos momentos, no es fácil y tiene un periodo medio de un año para llevarse a cabo. Por último, es consciente de que la oferta de viviendas en esa zona es muy limitada, al ser un lugar estratégico en la ciudad.

Dada esta situación, el vendedor nos plantea un precio «razonable» de 590.000€ Para sustentar su propuesta utilizará como argumento que «hace poco una de las viviendas de ese edificio se vendió por encima de ese precio». El comprador, por su parte, argumentará la dificultad que está viviendo el mercado y lo complicado que es vender hoy por hoy ese tipo de viviendas, además de que su presupuesto no alcanza para esa cifra.

Así comenzará un «regateo» que nos llevará probablemente a un precio cercano a los 550.000 euros.

Ahora bien, supongamos que el comprador se «planta» en un precio de 500.000 euros. ¿Qué hacemos?

Supongamos también que el vendedor se planta en un precio de 550.000 euros. ¿Qué hacemos?

Es decir, ¿qué pregunta deberemos plantearnos para garantizar que estamos tomando la mejor decisión? Dicho de otra forma, ¿qué pregunta es básica para saber si seguimos negociando o no? Tengan en cuenta que esta pregunta es válida para cualquier negociación. Da igual si estamos negociando el desarme nuclear o la compraventa de una vivienda.

Les ruego que reflexionen unos minutos para considerar cuál sería la que deberían plantearse.

Como es natural, las preguntas que han elegido serán variopintas: ¿Qué es lo mejor para mí? ¿Ese precio es razonable? ¿Puedo permitírmelo? etc.

Sin embargo, la única pregunta que debemos plantearnos es la siguiente: «Si rompo la negociación, ¿qué me queda?».

A esta pregunta hay que añadir otra igual de importante: «Si rompen ellos la negociación, ¿qué les queda?». Lo que en términos del modelo de Harvard se denominan «alternativas».

Vayamos por partes, y para ello utilicemos el caso anterior:

1. El vendedor nos dice que su último precio es de 550.000 euros.

   Si nosotros fuésemos el comprador, lo que deberíamos hacernos es la pregunta indicada anteriormente: «Si rompo la negociación y no acepto ese precio, ¿qué me queda?».

   La pareja que quiere comprar sabe que esa casa para ellos es muy importante ya que les soluciona uno de los problemas que más les preocupa como padres, y que no es otro que el cuidado de sus hijos por una persona de máxima confianza. Seguro que podrían encontrar otra vivienda, pero todas las que han visto y les gustan están bastante alejadas, lo que significa que su vida cotidiana se complicaría en gran medida. Es decir, si no aceptan y rompen con el vendedor, lo que les queda es mucho peor.

   Si tenemos en cuenta su alternativa (no tienen nada mejor), se puede decir que ese precio es bueno, ya que les permite cumplir con sus intereses (situación y precio) y cerrar una operación perfectamente válida.

2. El comprador nos dice que su última oferta es de 500.000 euros.

    El vendedor tiene un problema que debe resolver en los próximos treinta días y, aunque el comprador no lo sabe, no ha recibido ninguna otra oferta en los últimos meses.

    Ahora, la pregunta que debe hacerse el vendedor es la misma: «Si rompo la negociación y no acepto esta oferta, ¿qué me queda?».

    Lo que le quedaría, es con casi absoluta seguridad, que el banco le embargará la casa y la imposibilidad de venderla obteniendo un beneficio. Por lo tanto, aceptar esa oferta sería lo más conveniente y lógico.

Si hemos considerado lo anterior, seremos conscientes de la importancia que tiene conocer perfectamente los intereses propios y de la otra parte; ese conocimiento me permitirá analizar tanto mis alternativas como las alternativas del otro. Si desconozco que el vendedor tiene un problema con el banco, no puedo contestar adecuadamente a la pregunta que hemos dicho; es más, si soy el comprador, pensaré que no tengo mejor alternativa y que debo aceptar su oferta al no poder considerar que un precio más bajo sería válido para cumplir con los intereses del vendedor. Igual razonamiento aplica si nos ponemos en el lado del vendedor.

Aunque todavía debemos hacer algunas consideraciones más, hagamos un pequeño resumen de lo expuesto hasta ahora:

Necesito conocer lo mejor posible los intereses propios y de la otra parte porque eso me proporciona la posibilidad de analizar qué debo ofrecer:

- Si soy yo el que hace la oferta, esta debe contener los elementos necesarios para considerarse la mejor alternativa por la otra parte y así poder llegar a un acuerdo.
- Si soy yo el que recibe la oferta, podré analizar si lo que se me plantea es la mejor alternativa que tengo y así poder decidir si la acepto o no.

Ahora bien, imaginemos que en este mismo caso la situación es la siguiente: la casa que quiero comprar es la «casa de mis sueños» (un deseo que llevo años intentando cumplir). Sin embargo, muy cerca de ella existen otras casas más modernas y con mejor precio, incluso mejor situadas... El comprador me pide 750.000 euros y he tenido ofertas de las otras viviendas por debajo de los 680.000 euros... Si no acepto ese precio y rompo la negociación, ¿qué me queda? Sin duda, una casa mejor, más barata y con mejor situación... Pero no es la «casa de mis sueños»; por lo tanto, no consigo mi mejor alternativa.

Lo que quiero decir con esto es que al analizar las alternativas no solo se deben considerar los aspectos puramente racionales (precio, situación, antigüedad...), sino todo aquello que pertenece a mis intereses (o a los de la otra parte), y no lo olvidemos en ellos también hay deseos, es decir, temas emocionales.

Pongamos otro ejemplo (seguro que este afecta a muchos lectores). Imaginemos ahora que nuestra negociación está relacionada con un aumento de sueldo y tomamos la iniciativa llamando a la directora de RRHH de nuestra empresa; ella nos cita en su despacho para el día siguiente.

Así que, a la hora que nos ha indicado, nos presentamos en su despacho y nada más abrir la puerta le decimos:

—Vengo porque quiero que me aumentes el sueldo un ¡1.500%! (Sí, han leído bien: ¡un mil quinientos por ciento!)

¿Podemos hacer eso? Sí, por poder... Sin embargo, lo más probable es que salgamos de su despacho con una carta de despido motivada por nuestra estupidez o porque nos «hemos fumado» algo y estamos fuera de control.

Ahora bien, dejemos este absurdo y regresemos a la normalidad. Volvamos a entrar en su despacho con esta nueva conversación:

—Mira, Azucena, vengo a verte porque quiero un aumento del 6,5%, y te voy a decir las razones por las que creo que lo merezco. La primera es que cuando entré en esta empresa me prometisteis que revisaríais mi salario a los dos años y ya se han cumplido. En segundo lugar, todas mis evaluaciones son «*outstanding*», lo que significa que estoy cumpliendo mis objetivos por encima de lo que se me propuso. En tercer lugar, porque todas las personas que ocupan un puesto de mi misma categoría ganan un 6,5% más que yo.

Lo primero que es muy importante tener en cuenta es que quien está exponiendo la propuesta lo hace esgrimiendo argumentos «razonables». Es decir, demostrar que lo que propongo tiene «razones» que avalan por qué pido lo que pido. Este punto es fundamental a la hora de hacer nuestras propuestas ya que permite demostrar a la otra parte que la oferta que realizamos es «lógica» y no producto de un capricho o una invención. La «razonabilidad» de mis propuestas es algo imprescindible para poder continuar.

Ahora es la directora de RRHH la que nos responde:

—Mira, Javier, lo único que puedo ofrecerte es un 3,4%, y te voy a decir por qué. Hace unos días he recibido una comunicación del consejero delegado donde se me indica que, según un acuerdo del Consejo, no se puede realizar ninguna revisión salarial por encima de este porcentaje.

¿Es razonable lo que propone la directora de RRHH? Es decir, ¿tiene razones que avalan por qué me propone esa cifra? ¡Sin duda! Lo que me está ofreciendo tiene como base la aplicación de una «ley» que ha emitido el Consejo de Administración, y eso es inapelable para el responsable de RRHH.

Supongamos que ante esa respuesta Javier dice lo siguiente:

—Ten en cuenta que yo saldría al mercado y conseguiría un salario con más de un 20% de aumento...

En mi opinión, lo mejor que podría hacer la directora de RRHH sería responderle algo como esto:

—Pues no sé a qué estás esperando. Yo que tú, no dudaba en irme y empezar a buscar...

Javier lo que intentaba demostrar es que tenía mejores alternativas, sin darse cuenta de que las alternativas no son posibilidades sino realidades. Es decir, una alternativa no es algo que «a lo mejor» puede suceder, sino algo real y demostrable. Si Javier hubiera ido con una carta remitida por un *head hunter* en donde se realiza una oferta en firme con ese aumento de salario para un puesto de trabajo, eso sí sería una alternativa; si no es así, es una posibilidad, y eso no es lo mismo. Las posibilidades pueden o no aparecer, las alternativas son firmes y podemos ejecutarlas.

No sé ustedes, queridos lectores, pero a mí me parece que este es un concepto imprescindible en la vida para tomar decisiones. Las cosas no son buenas o malas, caras o baratas, válidas o no válidas; su valoración depende en gran medida de la alternativa que realmente tengamos. Otra cosa es que decidamos a pesar de todo tomar el camino que queramos.

Si recuerdan, una de las adicciones que les comentaba en páginas anteriores es aquella que se refiere a la equidad y les decía que a veces es muy difícil luchar contra un sentimiento relacionado con ella. Supongo que casi todos (por no decir todos) hemos tenido que oír frases como: «¡Eres muy injusto!», «¡Esto es muy injusto!», «¡Qué injusticia!».

Normalmente quien lo expresa tiene ese sentimiento; está convencido de que la injusticia está presente en lo que le proponemos. Podemos hacer todo tipo de consideraciones para convencerle de que eso no es así, pero con seguridad lo que mejor funcionará será la demostración de que no tiene mejor alternativa, por lo que aquello que le estamos ofreciendo es lo mejor que puede conseguir y que eso no es injusto, sino la realidad. Si seguimos con el ejemplo del salario, podemos asegurar que a todos nos gustaría ganar más dinero, pero eso no significa que estemos mal pagados. Estaríamos mal pagados si tuviéramos en la mano una oferta en firme para otro trabajo en donde se nos asegurara un salario mayor; es decir, si tenemos una alternativa (real). Si no es así, lo que se nos paga no es «injusto», aunque a nosotros nos gustase ganar más dinero.

Llegados a este punto, es necesario hacer una consideración muy importante.

Vayamos, de nuevo, a un ejemplo. La situación es la siguiente:

Una persona viene a nuestra empresa a solicitar trabajo porque lleva muchos años en el paro y necesita tener un salario para mantener a su familia, la cual está pasando por una situación límite. Nosotros tenemos un puesto vacante de almacenero y esa persona está perfectamente cualificada para cubrir ese puesto sin problemas.

Nosotros somos conscientes de la situación de esta persona y, si bien podríamos ofrecerle un salario de 1.200€, decidimos ofrecerle 900€. De acuerdo a lo que hemos estado comentando: ¿Tiene mejor alternativa? ¿Alguien le ofrece más de 900€?

La verdad es que no. Nadie le ofrece más de esa cantidad y su situación es desesperada. Si mantenemos lo que hemos estado explicando, estaríamos actuando de una forma «justa»… Pero no es verdad, pues lo que estamos haciendo es lo que se denomina «abuso de posición». Una cosa es que la otra parte (o nosotros) no tenga otra alternativa y otra muy diferente que se abuse de esa situación. Si el salario que se está ofreciendo para ese puesto es de 1.200€, no importa si la situación es una u otra, la «justicia» es ofrecer aquello que, con independencia de la situación en la que esté la persona a quien se le ofrezca, tengamos establecido. Actuar de esa forma «injusta», no lo duden, tiene consecuencias muy negativas con el tiempo.

RECUERDE:

- Considere siempre las «alternativas».
- Si rompo la negociación, ¿qué me queda?
- Si rompen ellos la negociación, ¿qué les queda?
- Las alternativas deben ser realidades, no posibilidades.
- Las alternativas son el medio más eficaz para demostrar la equidad de nuestra propuesta.
- Argumente con razones aquello que pida, y exija que la otra parte haga lo mismo con sus propuestas.

FASE 3

Aunque hayamos superado las dos primeras fases, esto no significa necesariamente que el acuerdo sea claro y podamos cerrar de forma automática.

Regresemos al ejemplo en donde Javier y Azucena están negociando la subida salarial.

Parece claro, si analizamos el caso, que ambos quieren llegar a un acuerdo. Javier ha ido a ver a Azucena y lo único que plantea es una subida salarial, lo que indica que el resto de los temas que pueden preocuparle no están en discusión; su trabajo le gusta, tiene un buen equipo, está muy bien considerado por la Dirección de la empresa y tiene una buena proyección de cara al futuro (lo que sabemos por sus entrevistas de evaluación); lo único que no encaja en el cumplimiento de sus intereses es el tema salarial. Además, lo que pide se sustenta en argumentos sólidos, lo que significa que su petición es razonable. Por último, no parece tener alguna alternativa puesto que no ha mencionado en ningún momento algo que pudiera significar que existe.

Por consiguiente, si sus intereses se están cumpliendo, salvo el tema salarial, y no tiene mejor alternativa, se propone iniciar una negociación sustentada en los argumentos razonables que avalan su petición y así poder conseguir esa parte de sus intereses que no está resuelta.

Por su parte, la directora de RRHH sabe que Javier es un magnífico profesional que está teniendo muy buenos resultados en los dos años que lleva en la empresa, por lo que su interés es conseguir que permanezca en ella. Tampoco tiene una buena alternativa; lo único que podría hacer es ir al mercado a buscar a otra persona (búsqueda que, por su experiencia, duraría unos tres meses) y, supuesto que encontrase a alguien de ese perfil, necesitará los dos años que lleva Javier para comprobar que no se ha equivocado. En consecuencia, debe conseguir un acuerdo con Javier para mantener su talento dentro de la empresa.

En definitiva, ambos están abocados a negociar y conseguir un acuerdo... Pero las piezas del «puzzle» no encajan; Javier quiere un 6,5% y ella solo le puede ofrecer un 3,4%

Hasta ahora, podemos decir que si se ha conseguido llegar a este tramo de «El Rally de la Negociación» es gracias a que hemos manejado bien uno de los fundamentos de todo el proceso, y este no es otro que la información: mis intereses, tus intereses, mis alternativas, tus alternativas, mis razones, tus razones. Si es así, estaremos en condiciones de plantear posibilidades de cierre. El problema ahora es que incluso teniendo toda la información (como parece que tienen las dos personas del caso que hemos relatado) podemos encontrarnos con la sensación de que estamos en «un callejón sin salida». ¿Cómo podemos resolver la diferencia entre el 6,5% y el 3,4%?

Ahora es cuando deberemos considerar otro de los fundamentos de la negociación: la creatividad. O sea, deberemos conseguir definir lo que se denominan «opciones de cierre». Estas no son otra cosa que las diversas posibilidades que pueden existir para encajar las piezas que tenemos frente a nosotros.

Mi gran amigo y extraordinario abogado Juan Jiménez-Laiglesia siempre me ha dicho que, de acuerdo con su dilatada experiencia en procesos de negociación, podemos saber que estamos ante alguien con buenas capacidades negociadoras cuando, llegado este momento, es capaz de diseñar y ofrecer varias opciones de cierre. Es decir, tiene la capacidad de crear distintas soluciones que pueden conducirnos a establecer la definitiva.

Sigamos con el ejemplo. ¿Qué pueden hacer Javier y Azucena para diseñar un acuerdo? Como hemos dicho, poner en marcha su creatividad.

Azucena sabe que no puede ofrecer a Javier más del 3,4% de aumento en cuanto al salario se refiere, pero ¿puede ofrecerle alguna otra cosa que, sin ser salario, le compense?: ¿Una plaza de garaje en el edificio? ¿La inclusión de su familia en el seguro médico? ¿Un curso en una universidad prestigiosa? ¿Algunos días más de vacaciones? etc.

A partir de estas ideas y su «entrelazamiento» podremos construir una opción definitiva de cierre. Incluso es posible que, si valoramos monetariamente lo elegido, no llegue a sumar el 6,5% de aumento, pero la «utilidad» que le proporciona a Javier sea suficientemente atractiva para él.

Déjenme que les ponga un último ejemplo para una mejor explicación de este punto.:

«Un padre dejó 17 camellos a sus tres hijos, indicando en su testamento el siguiente reparto:

1. Al primero le dejó la mitad de los camellos
2. Al segundo un tercio de los camellos
3. Al tercero un noveno de los camellos

Cuando los hijos comenzaron a hacer el reparto se dieron cuenta de que:

1. 17 no es divisible por 2
2. 17 no es divisible por 3
3. 17 no es divisible por 9

Por lo que ante esa situación comenzó a producirse un conflicto entre ellos por cómo resolver la partición. Así que decidieron consultar a un viejo sabio de la ciudad.

Él, después de pensarlo un rato, les dijo que les prestaba un camello para que de esa forma tuviesen un total de 18. De esta forma:

1. El primer hijo se quedó con 9 camellos (1/2)
2. El segundo se quedó con 6 camellos (1/3)
3. El tercer hijo se quedó con 2 camellos (1/9)

Como sobraba un camello se lo devolvieron al anciano y todos quedaron satisfechos.

Déjenme que ahora les dé la respuesta que me dio mi hijo pequeño, Juan Mateo Jr. (14 años), cuando le expuse este mismo problema mientras cenábamos. Rápidamente me dijo:

–¿Son todos los camellos machos?

–No necesariamente –le dije–. Al menos, el problema no lo especifica.

–Pues entonces hagamos que un macho y una hembra se apareen y esperemos a que tengan una cría. Entonces tendremos 18 camellos y el problema ya se puede resolver.

–Pero –le dije– entonces sobraría un camello. ¿Quién se lo quedaría?

–Que lo donen a una ONG –me respondió sin dudar.

Después de su respuesta le expliqué cuál era la que el caso propone y me dijo:

–Mi solución es más lenta pero evitas que un tercero te haga un favor...

En fin, ¡otra generación! Más listos, más creativos... Y más concienciados socialmente.

Así que, llegados a este punto, cerramos, ¿no? Es bastante probable que así sea, pero debemos considerar por encima de todo si el compromiso es posible cumplirlo o no. O, incluso, si pasado el tiempo se considerará válido y no producirá otras interpretaciones que hagan que se incumpla o provoque una nueva negociación, lo que siempre es complicado.

Hace tiempo leí en un libro de mi admirado Peter F. Drucker[21] una frase sobre la planificación que puede ser aplicada en este momento: *«Un plan no está hecho para que se cumpla, sino para actuar cuando no se cumple».*

Si aplicamos esto al contrato que determina un acuerdo, nos sirve igualmente: *«Un contrato no está hecho para que se cumpla, sino para actuar cuando no se cumple».*

Lo mejor que puede ocurrirnos cuando firmamos un contrato es que este se pudra en un cajón y nunca haya que volver a utilizarlo. Si no es así y hay que sacarlo a la luz, entonces es que tenemos un problema serio.

Por eso, el final no es la firma del acuerdo; el final es considerar si lo que hemos acordado es posible cumplirlo sin problemas o no.

Regresemos de nuevo al ejemplo en el que nuestros protagonistas son Javier y Azucena. Lo que debemos preguntar-

---

21   Es considerado el «padre» del *management* y uno de los pensadores que más aportaciones ha realizado a la gestión empresarial. Fue profesor de *management* en la Universidad de Nueva York y en la Universidad de Claremont (California). Escribió más de treinta libros que han sido traducidos a más de veinte idiomas.

nos es si Javier, pasado un tiempo, considerará que lo que ha firmado es válido o comenzará a pensar que a pesar de todo su salario no es el que debía ser, pues esas concesiones que le hemos hecho no demuestran que le valoramos lo suficiente y es solo una huida hacia adelante.

También debemos considerar que en otras ocasiones los acuerdos se firman para salir de una situación de parálisis, pero que quien los firma lo hace a sabiendas de que después exigirá una revisión y podrá renegociar el acuerdo.

Por lo tanto, no se apresuren, no dejen que la presión del momento les obligue a firmar algo que no está suficientemente pensado en cuanto a las consecuencias que tiene una vez firmado. Reflexionen con la otra parte y sean conscientes, y hagan consciente al otro, de aquello a lo que se comprometen. Recuerden siempre que es mejor no cerrar a un acuerdo y seguir intentándolo hasta donde sea necesario que firmarlo y no cumplirlo.

Apuntes sobre «la negociación multicultural»

No quiero finalizar sin hacer una especial mención a un tema que me parece de especial interés dada la globalidad en la que vivimos.

Aquí quiero dar las gracias a mi gran amigo, socio y compañero del ISN, Pedro Larena[22], quien ha tenido la generosidad de enseñarme muchas de las cosas que sé sobre este tema.

Pedro, quien ha dirigido redes comerciales muy grandes y complejas situadas en culturas muy diferentes —no en vano

---

22   Licenciado en Derecho por la UAM y MBA por el IESE. Ha ocupado puestos de máxima responsabilidad en instituciones financieras españolas e internacionales.

fue el «Head of PCC International» de Deutsche Bank, donde consiguió grandes y meritorios logros– me mostró cómo debemos tener en cuenta una serie de dimensiones culturales que afectan a la negociación. Es decir, que, además de todo lo que he comentado en páginas anteriores, no podemos dejar de lado aquellos aspectos que se refieren a la cultura que tienen las personas con las que vamos a negociar. Si no consideramos estos aspectos, la negociación no fracasará porque es imposible, sino porque no los hemos tenido en cuenta.

La dimensión multicultural no afecta a los intereses, puesto que siempre hay algo que interesa a las partes o al concepto de alternativa; ni siquiera a la aparición de las emociones, pues todos, estemos donde estemos y seamos de donde seamos, somos seres emocionales; la dimensión multicultural afecta al protocolo, es decir, a las formas de hacer.

Por todo ello, según explica Pedro Larena, debemos tener en cuenta lo siguiente:

1. Las variables culturales:
   - Lenguaje
   - Costumbres y modales (formas de hacer)
   - Sistema de valores (qué es bueno y qué es malo)
   - Valoración de los objetos (materialismo...)
   - Educación (más o menos especialización)
   - Religión

2. Las dimensiones culturales:
   - Contexto cultural
   - Distancia al poder
   - Individualismo frente a cultura de grupo
   - Control de la incertidumbre
   - Masculinidad frente a feminidad
   - Administración del tiempo: monocrónicas frente a policrónicas
   - Compromisos: verbales frente a escritos

Por todo ello, antes de cualquier negociación, deberemos considerar aquello que afecta a la dimensión cultural, sin olvidar que estos aspectos no solo hay que tenerlos en cuenta en países alejados de nosotros, sino que también aparecerán dentro del mismo país.

La cultura es algo real y muy importante que afecta a nuestras emociones, por lo que su no consideración puede hacer fracasar aquello que es posible. Su respeto y valoración es algo que cualquier buen negociador entiende, comprende y, ¡sobre todo!, respeta.

RECUERDE:

- El primer fundamento de la negociación es «la información».

- El segundo fundamento de la negociación es «la creatividad».

- Un contrato no está hecho para que se cumpla, sino para actuar cuando no se cumple. Por eso la firma de un acuerdo no es el final; debemos, antes de nada, sopesar si es posible o no cumplirlo.

- Considere siempre los aspectos culturales.

- La cultura afecta al protocolo, es decir, a la forma de hacer. Si no se tiene en cuenta puede hacer fracasar la negociación.

TERCERA PARTE

APUNTES SOBRE INTELIGENCIA COLABORATIVA

THE NEW AGE

Lo más probable es que ustedes se estén preguntando qué «pinta» aquí un capítulo dedicado a la inteligencia colaborativa; este es un libro sobre negociación. Lo que puedo asegurarles es que, si siguen leyendo, entenderán muy bien el porqué.

Sin el menor género de dudas, estamos viviendo un cambio de época, una nueva era que nos impulsa hacia un futuro que no somos capaces de imaginar y que nos obligará a tener que modificar los planteamientos que actualmente tenemos.

Muchos son los que predicen cómo será esta nueva realidad, pero nadie sabe con certeza hacia dónde nos dirigimos. Ningún ser humano, por muy inteligente y preparado que esté, es capaz de vislumbrar con claridad el futuro. Los saltos exponenciales que la tecnología realiza han destruido la capacidad de predecir qué va a pasar. Nuestro cerebro, acostumbrado a los pensamientos lineales (el pasado me enseñó, el presente me confirma las predicciones y en consecuencia puedo diseñar el futuro), no es capaz de dar respuesta a esos saltos impredecibles que trastocan nuestra forma de pensar.

La destrucción de paradigmas (sociales, empresariales, económicos, etc.), «indestructibles» hasta hace muy poco tiempo, y la aparición de nuevos «jugadores» que nadie podía sospechar que pudieran hacer acto de presencia, demuestran esta nueva realidad.

La «transformación digital» ha invadido nuestro mundo y el campo empresarial la ha sufrido con especial virulencia. Las empresas ya no pueden garantizar su existencia en los próximos diez años y deben cambiar a una velocidad que es muchas veces inmanejable y otras muchas ni siquiera posible, pues las nuevas condiciones permiten la aparición de competidores que surgen de la «nada» y que son capaces de gestionar mejor esta situación.

«Más rápido, más fácil y más barato» se ha convertido en un mantra que inunda la oferta con operadores que no existían hasta hace muy poco y que son valorados, económica y socialmente, por encima de los «pesos pesados» que llevaban décadas liderando los mercados y que hoy luchan por sobrevivir.

Solo aquellos que son capaces de vivir en «modo Beta», o traducido del lenguaje informático, versión en desarrollo, y aquellos que se comporten como verdaderos «*White Hats*» (hackers éticos) que busquen la mejora continua sin descanso, tienen alguna posibilidad de sobrevivir.

Las ventajas competitivas que proporcionaba un mundo estable y con cambios predecibles se han esfumado. Lo que hoy es una diferencia que nos permite alcanzar el éxito puede quedar destruida en muy poco tiempo con la aparición de una nueva solución tecnológica impredecible para cualquiera.

Si esto es así, pensarán ustedes, no podemos hacer nada más que rezar (si es que son creyentes) y esperar que se produzca un milagro que nos permita seguir luchando... Pues no, evidentemente no.

Lo que debemos hacer es plantearnos cómo debemos actuar para encontrar esas ventajas competitivas que nos permitan conseguir el éxito.

El extraordinario Jack Welch[23] decía: «*Si no tienes una ventaja competitiva, no compitas*». Siendo verdad, en mi

---

23   Jack Welch (1935-) Fue nombrado CEO de General Electric (GE) en 1981 cuando la empresa pasaba por momentos muy críticos y convirtió este gigante empresarial en una empresa flexible y exitosa en todo aquello que producía. Fue nombrado CEO del siglo por la revista Fortune en el año 2000. Se retiró de GE en 2001.

opinión deberíamos corregir a Welch (perdón por el atrevimiento) y redactar la frase de esta otra forma: «Si no tienes una ventaja competitiva... ¡constrúyela! ¡invéntala!».

La pregunta que surge es: ¿Es posible hoy encontrar o construir una ventaja competitiva teniendo en cuenta lo que hemos descrito en líneas anteriores?

Por supuesto que sí. Y lo mejor es que todos nosotros la tenemos a nuestro alcance, pues esa ventaja competitiva no es otra que el talento que tenemos disponible en nuestras organizaciones. Sin embargo, debemos cambiar en cierta medida nuestra definición de lo que consideramos «talento» ya que si seguimos por el camino antes marcado tampoco nos servirá.

Lo que quiero decir es que, siendo cierto que siempre hemos pretendido tener a los mejores con nosotros y hemos buscado, atraído y contratado a todos los que hemos podido, esa búsqueda se centraba en lo que podíamos denominar, por una parte, «el síndrome de la titulitis» y, por otra, «el experto único».

Nuestra intención era, por ejemplo, atraer a los mejores alumnos de las más importantes escuelas de negocios del mundo, escuelas de Ingeniería o de cualquier otra materia. Asimismo, buscábamos al mejor experto en su especialidad; bien fuera por el nivel técnico del candidato, bien por su experiencia en gestión, etc.

Es lo lógico, pensarán ustedes. Y es verdad, nadie duda de la importancia del conocimiento y de la experiencia, aunque también en este punto podríamos debatir un buen rato: ¿Qué tipo de conocimiento? ¿Qué clase de experiencia? Entonces, ¿por qué debemos introducir cambios?

Antes he afirmado algo que he comentado muchas veces con mi gran amigo Rafael Mira,[24] quien ha dedicado mucho tiempo y esfuerzo al estudio de la Inteligencia Colaborativa. Él afirma con razón que hoy *«no hay nadie, por muy inteligente que sea, por muy preparado esté y por muy bien asesorado que se sienta que pueda por sí solo encontrar los caminos a seguir».*

La clave de esa afirmación es «...por sí solo». Es decir, necesitamos a los demás para hacer frente a la nueva situación y así encontrar los caminos a seguir. Por consiguiente, la colaboración se convierte en una herramienta fundamental si queremos conseguir mantenernos competitivos; por eso seguimos necesitando buenos talentos, pero talentos que colaboren.

Las organizaciones (sean del tipo que sean), o son colaborativas o no serán, puesto que esa cultura colaborativa es la que nos proporcionará la mejor ventaja competitiva posible: la inteligencia colectiva.

Ante un mundo con las características que tiene el actual precisamos ser más inteligentes que el resto porque eso nos proporcionará la capacidad de reaccionar con mayor rapidez y eficacia a los cambios que se produzcan y así encontrar soluciones más efectivas. Si unimos nuestros talentos y somos capaces de que esa unión sea realmente efectiva, nuestra inteligencia como grupo se potenciará y esa será nuestra gran fortaleza. Como dice un conocido aforismo: «Ninguno de nosotros es tan listo como todos nosotros juntos».

---

24   Rafael Mira es economista (ICADE) y MBA por la Northwestern University. Trabajó para Coca-Cola, McDonalds. McKinsey & Co y Banco de Santander. Como empresario ha creado empresas relacionadas con las nuevas tecnologías. Es CEO de «dontknowschool» y creador de la herramienta «Delibera» para la mejora de las conversaciones humanas. Uno de los mayores expertos españoles en Inteligencia Colaborativa.

Eso significa que debemos transformar la cultura de nuestras organizaciones porque si no lo hacemos cualquier estrategia fracasará. Mi admirado Peter Drucker (al que ya he citado anteriormente) lo expresaba de manera muy clara: *«La cultura se come a la estrategia para desayunar»*. Esto ha sido olvidado por muchas empresas que se lanzaron a la transformación digital sin darse cuenta de que, antes de nada, debían conseguir crear una nueva cultura basada en la colaboración que permitiese el resto de las transformaciones a realizar. Ese olvido ha conducido a muchas empresas a desastrosos resultados.

Mi querido amigo y compañero del ISN, Javier Hidalgo[25], quien ha ocupado puestos de altísima responsabilidad en entidades financieras en diversos países y ha tenido que gestionar varios procesos de transformación, me decía que, al igual que en la estrategia comercial se está pasando del «B2B» y el «B2C» al «H2H» (Human to Human), es necesario que las culturas de nuestras organizaciones también comprendan lo que él denomina uno de los vectores básicos para la transformación, y este no es otro que la aplicación del «H2H» al interior de la empresa para que la interacción entre las personas produzca los mejores resultados posibles.

---

25   Licenciado en Derecho y MBA por el IESE. Diplomado por el Institut Superier des Affaires. Ha ocupando puestos de máxima responsabilidad en Banco Santander.

RECUERDE:

- Vivimos una nueva era que nos obligará a tener que modificar muchos de los planteamientos que actualmente tenemos.

- Los saltos exponenciales que la tecnología realiza han destruido la capacidad de predecir qué va a pasar.

- «Más rápido, más fácil y más barato» se ha convertido en un mantra que inunda la oferta con operadores que no existían hasta hace muy poco.

- Las ventajas competitivas que proporcionaba un mundo estable y con cambios predecibles se han esfumado.

- Si no tienes una ventaja competitiva... ¡constrúyela! ¡invéntala!

- «No hay nadie por muy inteligente que sea, por muy preparado esté y por muy bien asesorado que se sienta que pueda por sí solo encontrar los caminos a seguir».

- La nueva ventaja competitiva es «la inteligencia colectiva».

- «La cultura se come a la estrategia para desayunar».

- El H2H como vector básico para la transformación cultural.

LA PIRÁMIDE COMPETITIVA

El gran problema que se deriva de esta necesidad es la dificultad que tenemos para conseguir modificar la cultura corporativa; quizá uno de los retos más complejos a los que podamos enfrentarnos, pues como buen proceso de cambio, genera todo tipo de miedos y, por lo tanto, de resistencias en todos los ámbitos.

Por ello es muy importante realizar una reflexión que nos permita comprender a qué nos enfrentamos y cómo podemos enfocar su gestión a través de las herramientas más eficaces.

Así que comencemos por analizar uno de los principales problemas sistémicos que deberemos resolver: la pirámide organizativa.

Si yo les preguntase cuál sería el mejor sistema de funcionamiento de esa pirámide y les diese a elegir entre el colaborativo y el competitivo, estoy seguro de que la mayoría de ustedes me responderían que debe ser colaborativo; al menos eso me dice la experiencia al haber formulado esta pregunta en mis cursos a muchos asistentes. Veamos si es así.

Imaginemos que dos profesionales de una empresa, dos mandos intermedios que llevan varios años trabajando juntos y cuya relación es cordial, un día reciben la noticia de que su jefe ha dejado de serlo y ese puesto queda vacante. En ese mismo instante, cada uno de ellos, como es natural, se imagina ocupando ese lugar; también en ese instante serán conscientes de que ambos son competidores y que lo han sido durante mucho tiempo sin darse cuenta de ello.

Ahora van a tener que jugar a lo que en «Teoría de Juegos» se denomina un «juego de suma cero» (uno gana y el otro pierde); los dos no pueden acceder al mismo puesto.

Dicho de otra manera: acaban de descubrir que la pirámide organizativa es competitiva y está llena de competidores potenciales, pues cualquier otro compañero puede competir con cualquiera de los dos en cualquier momento.

Ese mismo día, uno de ellos, supongamos que se llama María, recibe el encargo del director general de la empresa para elaborar un informe relativo a un tema relacionado con su departamento, pero para poder elaborarlo necesita que su compañero, supongamos que se llama Lucas, le proporcione una serie de datos imprescindibles para su realización.

La pregunta es: ¿aceptará Lucas ayudar a María dada la situación que viven? Recordemos que en estos momentos está vacante la dirección del área y ambos pueden ser candidatos a ocuparla. Lo más probable es que Lucas piense que si le presta toda su ayuda, María irá a ver al director general con un informe impecable y eso sin duda le reportará una gran ventaja para la jefatura del área.

Comprendo que alguien me dijese que esa es la obligación ética de Lucas y que debe hacerlo sin más consideraciones. Y tendría razón, pero seamos realistas y consideremos aquello que, ¡de verdad!, se producirá. La experiencia me dice que Lucas como mínimo se hará el «remolón», dará aquellos datos estrictamente necesarios, intentará retrasar su entrega lo máximo posible, etc.

Entonces, ¿lo mejor sería evitar la competitividad en la pirámide? Claramente no, porque si lo hacemos, ¿qué valor tendría esforzarse, formarse y tener mayor dedicación que otros?

Así que nos enfrentamos a una situación algo paradójica. Por una parte, necesitamos que la colaboración sea una dinámica permanente entre las personas que componen la organización y por otra no podemos evitar que la pirámide organizativa sea competitiva. ¿Es posible solucionarlo?

Lo primero que debemos considerar es que la colaboración no es una opción: es una obligación que debe ser aceptada y respetada por todos aquellos que pertenecen a la empresa. Y esto es así porque no hacerlo es ir contra la propia esencia de nuestro negocio, ya que afectaría a nuestros resultados. Por ello, lo primero que tenemos que hacer es elevar la colaboración a rango de valor corporativo, de forma que no pueda ponerse en cuestión por nadie. Dicho de forma muy clara: «O lo aceptas o no puedes pertenecer a esta empresa».

Ahora regresemos al caso que hemos estado analizando.

Por decisión del Consejo de la empresa, la colaboración se ha convertido en un valor corporativo y esto ha sido comunicado a todos los empleados. Es muy probable que en ese momento a María le aparezca una gran sonrisa y se dirija al despacho de Lucas para «obligarle» a colaborar con ella, debido a esta nueva realidad.

–Lucas, como sabrás por la comunicación que nos han enviado, la colaboración es algo de obligado cumplimiento para todos. Sabes muy bien que llevo tras de ti casi dos semanas para que me proporciones unos datos que necesito para el informe que me encargó nuestro director general y todavía no los tengo, así que, por favor, te pido que me los entregues mañana mismo.

Parece una petición lógica teniendo en cuenta la obligación de colaborar, aunque si yo fuese Lucas, le respondería...

–Es verdad María, la colaboración es algo que tenemos que cumplir todos, pero me da la sensación de que, en tu caso, y dadas las circunstancias que estamos viviendo tú y yo, solo me la exiges a mí. ¿Puedes decirme en qué colaboras tú conmigo?

–Pues he colaborado contigo siempre...

–No, me refiero a este caso. Tú me exiges que te dé los datos, y sabes muy bien que tendré que ayudarte a analizarlos, descomponerlos y tratarlos de la manera adecuada para que te sean útiles y elabores ese informe; entonces subirás a ver al director general y te «colgarás la medalla» delante de él, lo que sin duda será un punto a tu favor cuando deban decidir quién de nosotros dos ocupa el puesto de nuestro antiguo jefe. ¿Eso es colaborar?

Eso, como dice nuestro amigo imaginario Lucas, no es colaborar; es querer aprovecharse de una situación para obtener un beneficio personal. Así que deberíamos pensar en cuáles son las consideraciones básicas que hay que tener en cuenta para poder iniciar el camino de forma correcta:

1. Ser conscientes de que el hecho de tener un objetivo común no implica que las personas colaboren. Si fuera así, dado que el objetivo común existe en cualquier empresa y no es otro que la obtención de beneficios, todos colaboraríamos incondicionalmente.

2. La colaboración no solo es una cuestión de «compañerismo» o de «generosidad» (concepto que manejamos con extrema dificultad), sino de entender por qué los competidores internos deciden ayudarse unos a otros.

3. Para colaborar es necesario entender que uno tiene que pagar un coste. Si solo soy yo el que recibe el beneficio y la otra parte se lleva todo el «coste» eso no podemos calificarlo como colaboración. (En nuestro ejemplo, eso es lo que pretende María con Lucas). Colaborar es conseguir, sin ninguna fisura, una verdadera situación de «yo gano y tú ganas».

Así que deberemos establecer unas fases que nos ayuden a implantar una cultura colaborativa.

- *1ª fase: inhibir la no colaboración*
    Colaborar no es una opción, es una obligación.

- *2ª fase: generar confianza*

  Regresemos a la segunda parte de este libro, la dedicada a la negociación, y revisemos el apartado sobre Teoría de Juegos, concretamente aquello que nos aportaba el profesor Axelrod: «*El fundamento de la cooperación no es en realidad la mutua confianza, sino la permanencia de la relación. Las personas que se ven en la necesidad de tratarse durante cierto tiempo acaban por admitir los beneficios de la cooperación en vez de tratar de sacar ventaja sobre los demás, porque saben que si lo hicieran el otro procuraría tomar represalias*».

  Esto es algo de lo que hay que hacer conscientes a todos los que pertenecen a una organización: tu futuro depende de los demás.

- *3ª fase: la gestión del acuerdo*

  Colaborar, teniendo en cuenta todo lo dicho anteriormente, es acordar.

  En el ejemplo que hemos estado comentando, María pretende que Lucas sea alguien tan «generoso» que decida, incluso en su contra, aportarle todo aquello que necesita.

  Pues bien, colaborar no es una cuestión de generosidad; es ante todo regresar al planteamiento de «yo gano y tú ganas».

  Colaborar y negociar son sinónimos.

  Quizá ahora entiendan por qué he decidido incluir estos apuntes sobre inteligencia colaborativa en este libro.

  Regresemos al caso que hemos estado analizando...

  –María, yo estoy dispuesto a ayudarte y colaborar todo lo necesario contigo si los dos firmamos el informe y tú reconoces así mi aportación.

Creo que estarán conmigo en que ese acuerdo permitirá una estrecha colaboración y será el inicio de muchas otras.

¿Qué pasaría si, además, María aplicase, la estrategia A-5?

—Me parece bien, Lucas; creo que eso es lo justo. Además, te ofrezco que vengas conmigo a presentárselo al director general.

Es muy probable que alguno piense que estoy en una ensoñación ridícula que es imposible hacer realidad. Yo no lo creo. De lo que sí estoy convencido es de que estas situaciones no se producen porque nadie nos educa en este sentido. Estoy seguro de que el problema es que hay una enorme falta de formación que provoca unas inercias que deberíamos tener en cuenta y luchar contra ellas. Por eso la gestión de conflictos y la negociación deberían ser «asignaturas» obligatorias a impartir en las empresas.

Comenzábamos esta parte del libro diciendo que vivimos en un mundo en transformación y que esta situación nos obliga a modificar nuestra culturas corporativas para conseguir que la colaboración permita alcanzar el mayor grado de inteligencia colectiva posible.

Lo que no podemos olvidar es que toda transformación genera conflictos y que estos son necesarios para avanzar. Un alto grado de inteligencia colectiva no se alcanza con un «rebaño de borregos» que dicen sí a todo, sino con personas inteligentes que nos ayudan a reflexionar a través de su pensamiento disruptivo. Eso quiere decir que no estaremos siempre de acuerdo en el camino a seguir y que debemos tener la capacidad de acordar cómo recorrer el camino para así aprovechar al máximo el talento disponible.

Hoy, el liderazgo no sigue las reglas de antaño; el líder es un mediador de los conflictos que surgen para conseguir que los talentos colaboren al máximo y sean capaces de admitir que la diversidad de pensamiento es la mayor riqueza que podemos tener.

- *4ª fase: colaboradores «in», no colaboradores «out»*

Si algo nos ayudará a completar el proceso es que la «parte de arriba» de nuestras organizaciones esté llena de «amantes» de la colaboración: «colaboradores *iin!*».

La demostración de que estamos ante un tema estratégico es valorar al máximo a aquellos que lo cumplen: «Obras son amores y no buenas razones».

Añádanle a esto una pizca de valor para prescindir de aquellos que quieran boicotear lo que estamos construyendo: «No colaboradores... *iout!*».

RECUERDE:

- La pirámide organizativa, un problema sistémico de base.
- Toda pirámide organizativa es competitiva y no debemos, ni podemos evitarlo.
- La colaboración no es una opción, es una obligación.
- Consideraciones básicas para conseguir la colaboración:
  a. Un objetivo común no implica que las personas colaboren
  b. La colaboración no solo es una cuestión de «compañerismo»
  c. Para colaborar es necesario entender que uno tiene que pagar un coste

- Fase de la colaboración:
    - 1ª fase: inhibir la no colaboración
    - 2ª fase: generar confianza
    - 3ª fase: la gestión de acuerdo
    - 4ª fase: colaboradores «*in*», no colaboradores «*out*»

EPÍLOGO

Antes de finalizar este libro creo que les debo una explicación sobre su título.

Como ya he dicho en varias ocasiones, después de estar investigando, enseñando y practicando esta «habilidad» durante muchos años, soy cada día más consciente de que debemos desterrar la idea de que negociar es solo una técnica y que solo sirve para ocasiones puntuales.

Negociar es un soporte imprescindible para «caminar» por la vida, pues necesitamos a los demás para transitarla de la mejor forma posible; por eso es tan necesario convertirla en una manera de pensar y actuar.

Esa manera de pensar debe sustentarse en ser conscientes de que el otro en la mayoría de las ocasiones es parte de la solución, y que solo acordando cuál va a ser la forma en la que «caminaremos» juntos, sea cual sea el tramo del camino y la situación en la que nos encontremos, construiremos las relaciones que nos ayudarán a conseguir nuestras metas.

Todo ello nos conduce a la necesidad de contar con un enfoque holístico que nos permita comprender mucho mejor el todo y no solo cada una de sus partes.

El holismo remarca la importancia del todo como algo que trasciende la suma de las partes, resaltando la relevancia de la interdependencia de estas; el todo y las partes se encuentran interrelacionadas con interacciones constantes.

En este caso el todo es la negociación y las partes son un conjunto de materias que pocas veces se consideran como algo necesario para la perfecta comprensión de este tema: filosofía, psicología, sociología, economía, sinergología, matemáticas... Y un largo etcétera.

Desafortunadamente, nuestro sistema educativo, y mucho más en los últimos tiempos, se ha empeñado en considerar muchas de estas materias como «poco rentables», y de ahí su abandono en los planes educativos, lo que significará un drama para las futuras generaciones porque difícilmente podrán comprender en toda su amplitud la importancia de la negociación como una herramienta de un valor incalculable para construir un futuro mejor.

En muchas ocasiones me preguntan si estamos educando a los jóvenes para el futuro, y no puedo hacer otra cosa que contestar con otra pregunta: ¿sabe usted cuál va a ser el futuro?

Si somos incapaces de predecir lo que va a pasar dentro de seis meses, ¿cómo podemos preguntarnos si estamos educando a nuestros hijos para el futuro? La pregunta que deberíamos hacernos es si estamos educando a las nuevas generaciones para que ellos puedan construir un futuro mejor del que nosotros hemos sido capaces.

Y es ahí donde me aferro a la necesidad de dotarles de conocimientos que les permitan entender que la gestión del acuerdo es algo imprescindible para que puedan diseñar ese mejor futuro.

Kant, Popper, Descartes, Platón, Taleb, Zimbardo, Kahneman, Gracián, Von Newman, Nash (por citar algunos nombres de los grandes pensadores a los que me he referido en este libro), son un ejemplo que demuestran que si nuestro conocimiento lo ampliásemos en las disciplinas antes citadas, estas nos proporcionarían mayor solidez y eficacia en nuestra forma de enfocar y resolver los problemas a los que nos enfrentamos a lo largo de la vida.

¿Por qué elegí a Kant y a Trump como exponentes extremos de mi visión de la negociación?

Para empezar porque Kant fue un sabio y Trump es un zafio. Con Kant aprendes, con Trump te embruteces.[26]

Emanuel Kant (después de aprender hebreo cambió su nombre por Immanuel) es sin ninguna duda uno de los pensadores más influyentes que ha tenido la filosofía y padre de la filosofía contemporánea europea, aportando un conocimiento imprescindible para entender el comportamiento humano.

Si por algo le elegí como referente para entender conceptos fundamentales de la negociación fue por los siguientes motivos:

Kant buscó, por encima de todo, enseñar al ser humano a pensar por sí mismo. Solía decir que no enseñaba filosofía, sino el «arte de pensar». Cuentan que le molestaba mucho que sus estudiantes tomasen apuntes de lo que explicaba en vez de tratar de entender los conceptos y debatir sobre ellos.

Si nuestra base en un proceso de negociación fuese esa, los resultados cambiarían notablemente. Eviten las recetas; piensen, reflexionen y comprendan, pues esa es la base del éxito.

Kant situó al ser humano como centro del acto de conocer. Al igual que Copérnico situó al sol en el centro de nuestro universo, desmintiendo que el sol y los demás astros girasen alrededor de la Tierra, Kant imprimió un giro copernicano para dar al ser humano el lugar que le correspondía.

Siempre he defendido la necesidad de regresar al humanismo como concepción integradora de los valores humanos y sobre esta concepción anclar nuestras actuaciones para es-

---

26 Antes de nada, quiero reiterar que cualquier crítica que realice a Trump no la baso en sus ideas políticas, con las que no coincido pero que respeto absolutamente, sino en su forma de entender la negociación y, en consecuencia, la construcción de un mundo basado en el acuerdo y no en la división.

tablecer los necesarios acuerdos que hagan a los seres humanos más completos y felices.

Kant, a través del concepto de *imperativo categórico*, nos aporta una visión fundamental de la ética como guía de nuestras actuaciones.

Si algo es importante tener en cuenta en cualquier proceso negociador es precisamente el marco de referencia del cual ni podemos, ni debemos, salirnos, y ese marco viene dibujado por los principios éticos que deben cumplirse con independencia de las consecuencias que tenga para nosotros.

Con seguridad, por ejemplo, la crisis de 2008 no se hubiera producido si hubiéramos educado a toda una generación en esos límites. Sin embargo, no solo no lo hicimos, sino que los responsables de estos desmanes que produjeron tanto dolor a millones de seres humanos siguen impunes.

Por eso, es fundamental retomar, en nuestras actuaciones para gestionar acuerdos, algunas de las formulaciones *kantianas*:

1. Obra sólo según una máxima tal que puedas querer al mismo tiempo que se torne ley universal.
2. Obra de tal modo que uses la humanidad, tanto en tu persona como en la persona de cualquier otro, siempre como un fin y nunca como un medio.

Siguiendo estas máximas actuaríamos conforme a nuestros imperativos categóricos, buscando la felicidad ajena y actuando moralmente, de tal manera que también viviríamos haciendo lo que es correcto y obteniendo gratificación de este hecho.

Si tuviera que traducir a un lenguaje «negociador» todo ello, Kant nos aporta:

−Piense, reflexione, comprenda... ¡Es una experiencia apasionante y necesaria!

–Nunca dejar de considerar al otro como un ser humano en el mismo nivel que nosotros mismos.

–Debemos fijarnos un marco de referencia que esté delimitado por principios éticos (Imperativos Categóricos). Esas «líneas rojas» deben ser consideradas como intransgredibles.

Hablemos de Trump. Unas líneas más arriba le definí como a un zafio, es decir, «una persona grosera o tosca en sus modales, o carente de tacto en su comportamiento» (DRAE).

A eso deberíamos añadir que se caracteriza por su falta de respeto a las normas de juego y a las personas; él cree ser el dueño y señor.

Una de sus famosas frases (citada anteriormente) sobre cómo alcanzar un acuerdo, descrita en su libro *The Art of The Deal* es: «*A veces, parte de alcanzar un acuerdo es denigrar a tus competidores*».

Estoy seguro de que Trump es una persona inteligente; es muy difícil llegar a ser Presidente de EEUU siendo un necio. Sin embargo, si se han dado cuenta, incumple todo aquello que nos propone Kant y aquello que, desde mi punto de vista, es esencial.

1. Seguro que piensa y reflexiona, el problema es que esos pensamientos y reflexiones están enfocadas a cómo derrotar al otro y evitar que ambas partes ganen.

2. Por eso, su máxima negociadora está más cerca de un juego competitivo que colaborativo: Para Ganar hay que Vencer. Creo que es difícil pensar que Trump considere el «Win -Win» como fórmula.

3. *Él* es el único que debe ser respetado, los demás son sus vasallos.

Incluso en su lenguaje no verbal lo demuestra permanentemente. Visionen algunos de los vídeos que hay en YouTube en donde Trump demuestra su prepotencia con líderes como el primer ministro japonés Shinzo Abe, el presidente francés E. Macron, etc.

«Su marco ético es muy simple: yo soy el poderoso y tú te inclinas ante mí. Así que te impongo mi solución y caso contrario, te arrepentirás».

Trump conoce muy bien la realidad y no siempre se equivoca. El problema es que le cuesta entender que si EEUU es un gran y extraordinario país es, entre otras cosas, porque durante muchos años su filosofía fue la de entender que los «otros» le hacían grande, por eso acogió durante décadas a millones de inmigrantes de todo el mundo y esa multiculturalidad (diversidad) permitió que, ayudándose unos a otros, se pudiera construir ese maravilloso país que es EEUU.

Por todo ello, el título y espíritu de este libro les recomienda estar muy cerca de Kant y lejos de Trump.

AGRADECIMIENTOS

A mis hijos, Pablo, Borja, Natalia, Rocío, Andrea y Juan por su apoyo incondicional y ánimos constantes.

A mi mujer, Mati, por todos sus consejos y apoyo permanente. Sin su ayuda, este libro no habría podido escribirlo.

A Daniel Sada (rector de la Universidad Francisco de Vitoria) y a Félix Suárez (Director de la Escuela de Postgrado y Formación Permanente-UFV) quienes con su constante apoyo y consideración han permitido que el Instituto Superior de Negociación sea una realidad.

A mis amigos y compañeros del Instituto Superior de Negociación (UFV), Inma Puig, María Bacas, Alfredo Sanfeliz, Álvaro Rengifo, Javier Hidalgo y Pedro Larena por su ayuda en la elaboración de este libro aportándome valiosos e innumerables consejos. Y, además, por cuidarme y reconocerme como no merezco.

A mi cuñada Valle Galindo, por la paciencia y el cariño que puso en la revisión de todos mis textos y por sus buenos consejos, así como por demostrarme que siempre puedo contar con ella.

A Marta Prieto, fundadora y directora de la Editorial Kolima, por su entrañable amistad y por su confianza en mí. Sin sus consejos, su paciencia y su dedicación nunca hubiera podido realizar esta obra.

Al Dr. Enrique Baca Baldomero, quien me honra con su amistad, por ser una de las personas que más me han enseñado sobre comportamiento humano.

A Vicente Bermejo (Tito), a quien admiro y quiero entrañablemente, por ayudarme a comprender muchos de los entresijos que componen la «Teoría de Juegos».

A mi amigo Rafael Mira, por apoyarme y enseñarme muchas cosas que me hicieron descubrir nuevas posibilidades en el campo de la negociación.

A mi amigo Alex Olhovich, por su ayuda incondicional y constante.

A mi amigo Juan Jiménez-Laiglesia, quien siempre me aporta maravillosas reflexiones de una forma inteligente y divertida.